U0710708

普通高等学校学前教育专业系列教材

幼儿园实习操作指导

主　编　杨　白　陈金平　刘东航

编　者　谭满妹　黄　桃　程　健

　　　　倪晓连　肖银健

复旦大学出版社

内容提要

　　本书紧密结合学前教育专业实习工作特点，指导学生将所学的理论知识与专业技能运用到幼儿园的实践工作中，以便锻炼和培养学生实际工作能力，更有效地促进学生的专业成长。主教材《幼儿园实习操作指导》从幼儿园的一日生活、教学活动、游戏活动、班级工作和幼儿园其他工作等方面，介绍了幼儿园保教实习的目标、内容、实施要点、操作方法、工作程序、考核与管理等。另附三本独立工作手册：《幼儿园教育见习工作手册》《幼儿园保育实习工作手册》《幼儿园教育实习工作手册》，科学合理地设计并安排了实习生在见实习期间所必须完成的相关任务，并由幼儿园指导老师及学校指导老师对其整个见实习工作做出客观、公正的综合性评价。

　　本书配有视频、课件和拓展资源，可登录复旦学前云平台免费下载（www.fudanxueqian.com）。

复旦学前云平台
数字化教学支持说明

为提高教学服务水平，促进课程立体化建设，复旦大学出版社学前教育分社建设了"复旦学前云平台"，以为师生提供丰富的课程配套资源，可通过"电脑端"和"手机端"查看、获取。

💻【电脑端】

电脑端资源包括 PPT 课件、电子教案、习题答案、课程大纲、音频、视频等内容。可登录"复旦学前云平台"www.fudanxueqian.com 浏览、下载。

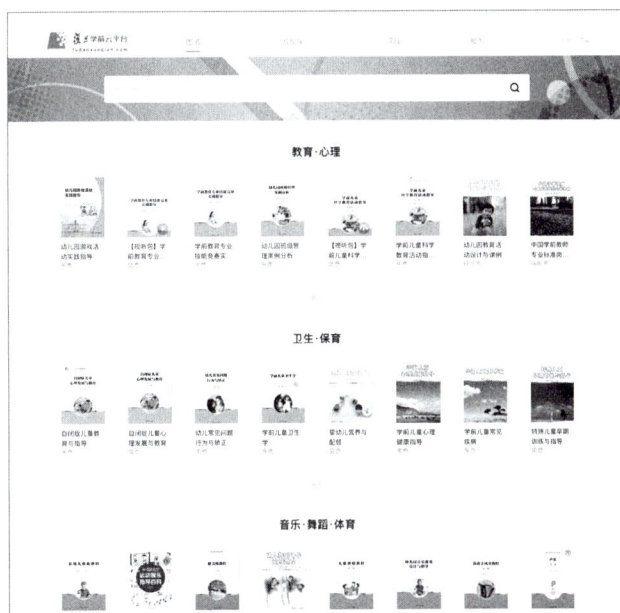

Step 1 登录网站"复旦学前云平台"www.fudanxueqian.com，点击右上角"登录 / 注册"，使用手机号注册。

Step 2 在"搜索"栏输入相关书名，找到该书，点击进入。

Step 3 点击【配套资源】中的"下载"（首次使用需输入教师信息），即可下载。音频、视频内容可通过搜索该书【视听包】在线浏览。

前　言

　　幼儿园教育实习是学前教育专业学生专业成长的重要实践环节,同时也是一门综合性实践课程。本书紧密结合学前教育专业实习工作特点,指导学生将所学的理论知识与专业技能运用到幼儿园的实践工作中,以便锻炼和培养学生实际工作能力,更有效地促进学生的专业成长。

　　我们在本书的编写过程中努力突出以下特点:

　　1. 规范性:本书依据学前教育专业培养目标,贯彻《幼儿园工作规程》《3～6岁儿童学习与发展指南》《幼儿园教师专业标准(试行)》等文件精神,以科学的发展观系统、规范地指导学生实习。

　　2. 实效性:本书紧密联系幼儿园保教工作的实际内容与要求,以学前教育专业学生的实际需要为出发点,为学生提供了具体而又详尽的实践案例、实习操作规范与实施要求,有利于提高学生保教实习工作能力。

　　3. 实用性:本书采用活页装订方式,以学生为本,实用性、操作性强;与本书配套的《幼儿园教育见习工作手册》《幼儿园保育实习工作手册》《幼儿园教育实习工作手册》分册装订,既方便学生使用,又利于实习评价与资料保存。

　　4. 时代性:本书充分利用信息技术手段,以二维码的形式链接活动视频与相关案例、表格,学生扫描二维码即可观看学习,方便学生更直观地掌握相关知识与教育技能。同时,实习工作手册中的所有表格都有电子版,方便学生线上提交。

　　本书分为四个部分:

　　第一部分为幼儿园实习操作指导;

　　第二部分为幼儿园教育见习工作手册;

　　第三部分幼儿园保育实习工作手册;

　　第四部分为幼儿园教育实习工作手册。

　　幼儿园实习操作指导分别从幼儿园的一日生活、教学活动、游戏活动、班级工作和幼儿园其他工作等方面,简要介绍幼儿园保教实习的目标、内容、实施要点、操作方法、工作程序、考核与管理等。

　　幼儿园保育实习工作手册与教育见习、实习工作手册,则科学合理地设计并安排了实习生在见实习期间所必须完成的相关任务,并由幼儿园指导老师及学校指导老师、班主任对其整个见实习工作做出客观、公正的综合性评价。

　　本书的主编为衡阳幼儿师范高等专科学校杨白、陈金平、刘东航,谭满妹、黄桃参与编写,肖银健负责视频拍摄与制作。此外,湖南省衡阳市学前教育中心程健、衡钢幼儿园倪晓连负责案例的收集与修改。全体编写人员为了写好本书做了最大的努力,但仍有疏漏与不当之处,为进一步提高本书的质量,欢迎广大读者和专家提出宝贵的意见和建议。

　　本书在编写过程中参考、引用、借鉴了许多国内外学者的研究成果和一些幼儿园教师的优秀教育活动设计方案,在书中均一一做了注明,在此一并表示衷心的感谢。

目　录

模块三　幼儿园教育实习

二维码资源

分类	序号	名　　称	资源码
保育见实习	1	入园接待	
	2	园(所)幼儿带药服药记录表	
	3	组织小班幼儿进餐	
	4	指导小班幼儿洗手	
	5	组织小班幼儿午睡	
	6	组织小班幼儿饮水	
	7	离园工作	
	8	清洁活动室地面	
	9	撒饭后的清洁	
	10	呕吐后的清洁	
	11	排泄物的清洁	
	12	配制 1∶100 的 84 消毒液 9 L	

分类	序号	名　　称	资源码
	13	幼儿园餐桌清洁消毒	
	14	××幼儿园隔离室制度	
	15	幼儿班级物品登记表	
	16	××幼儿园物品管理制度	
教育见实习	17	玩转线圈	
	18	××幼儿园一日活动日程表	
	19	大班科学活动:好玩的非牛顿流体	
	20	小班生活活动:抹香香	
	21	大班生活活动:整理小书包	
	22	大班语言活动:滑稽的脚先生	
	23	大班社会活动:冰雪奥运	
	24	中班数学活动:动物运动会	
	25	大班音乐活动:小动物投篮球	
	26	自制玩教具:多功能百宝箱	
	27	自制玩教具:盖乐翻天	

续 表

分类	序号	名　称	资源码
	28	自制玩教具:球板碰撞	
	29	大班体育游戏:躲避螺旋桨	
	30	小班智力游戏:扑克牌排队	
	31	中班智力游戏:听声音辨动物	
	32	大班户外体育游戏实录	
	33	大班表演游戏:动物职业介绍所(文案)	
	34	大班表演游戏:动物职业介绍所(视频)	
	35	中班大型主题角色游戏:七七八八潮品店(文案)	
	36	中班大型主题角色游戏:七七八八潮品店(视频)	
	37	大班大型主题角色游戏:衡钢影楼(文案)	
	38	大班大型主题角色游戏:衡钢影楼(视频)	
	39	大班自然角活动:种豆豆(文案)	
	40	大班自然角活动:种豆豆(视频)	
	41	大班主题区域活动:多彩雁城(文案)	
	42	大班主题区域活动:多彩雁城(视频)	

分类	序号	名　称	资源码
	43	幼儿园区域活动的组织与指导	
	44	中班下学期生活活动管理要点	
	45	班级学习活动的组织指导	
	46	班级游戏活动管理指导要点	
	47	一日生活活动安全管理要点	
	48	一日教育活动安全管理要点	
	49	班级突发安全事故管理要点	
	50	家长工作管理要点	
	51	班级家长工作艺术指导要点	
	52	××幼儿园小一班第一学期家长工作计划	
	53	生活区的创设	
	54	语言区的创设	
	55	建构区的创设	
	56	美工区的创设	
	57	表演区的创设	

分类	序号	名　　称	资源码
	58	角色区的创设	
	59	益智区的创设	
	60	科学区的创设	
	61	童心向党 快乐成长——××幼儿园"六一"军拓游园活动	
	62	玩转新年,虎福生威——××幼儿园迎新年庙会活动	
	63	携手你我他　爱上幼儿园——××幼儿园新生入园活动	
	64	爱·礼别——××幼儿园大班毕业典礼活动	
	65	童心梦　中国梦——××幼儿园传统体育趣味运动会	
	66	我们和春天有个约会——××幼儿园中班亲子春游活动	
	67	"中班数学活动——扑克牌排队"活动设计方案	

01

模块一　实习生须知

项目一 职业行为规范

项目介绍

在学前教育课程中,教育实习主要包括幼儿园保育工作实习、教育工作实习等,统称为保教实习。实习生既不同于在校学生,又不同于幼儿园保教工作者,学生在实习期间既要具备在校学生的品格,又要具备幼儿园保教工作者应有的师德师风。因此,实习生应自觉遵守实习生守则和职业行为规范。

项目导航

```
职业行为规范 ── 实习生守则
             ── 职业行为规范
```

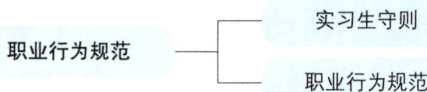

任务一 实习生守则

学生实习的本质是教学活动,是实践教学的重要环节。学生在实习期间应自觉遵守实习生守则。

1. 遵守国家法律法规、校纪校规和实习单位安全管理规定,提高自我保护意识,注重人身、财物及交通安全,保护好个人信息,预防网络、电话、传销等诈骗。严禁涉黄、涉赌、涉毒、酗酒,严禁到违禁水域游泳或参与其他危险活动,严禁乘坐非法营运车辆等。

2. 自觉遵守学校的实习要求和实习单位的规章制度、实习纪律及实习协议,不得擅自离岗、消极怠工、无故拒绝实习,不得擅自离开实习单位。

3. 严格请假制度,实习生有事须向指导教师和实习单位请假,得到同意后方可离园。不带实习队以外的人员进入幼儿园。

4. 爱护实习单位设施设备,节约实习用品,爱护园所的教科书、参考书、教具等。凡借幼儿园的书籍、仪器、教具等均应妥善保管,按期归还。如有损坏,应负责赔偿。

5. 尊重实习幼儿园领导、教师和其他工作人员,不得在园所随意议论实习幼儿园的领导和教师,对实习幼儿园的工作有意见或建议时,必须通过指导教师按组织系统提出。

6. 严格遵守师范生行为规范,语言文明,礼貌待人,仪表端庄,服装整洁、朴素。

7. 热爱幼儿,关心幼儿,耐心照顾幼儿,不准体罚或变相体罚幼儿。

8. 通过实习,将课堂所学相关知识与幼儿园一日保教工作实践相结合,不怕苦不怕累,主动请教,努力提高业务和技能水平。

9. 完成规定的实习任务,填写实习工作手册,并在实习结束时提交。

10. 实习生如违反本守则,或由于草率马虎而使工作受到损失,或因思想作风和品质问题而产生不良影响者,根据所犯错误的性质和程度,给予批评教育或纪律处分;在实习中表现突出、成绩优异的实习生,将予以表彰和奖励。

任务二　职业行为规范

1. 树立职业理想,立志成为有理想信念、有道德情操、有扎实学识、有仁爱之心的好老师。

2. 坚持以习近平新时代中国特色社会主义思想为指导,拥护中国共产党的领导,贯彻党的教育方针;不在保教活动中及其他场合有损害党中央权威和违背党的路线方针政策的言行。

3. 爱国守法,践行社会主义核心价值观,在保教活动中弘扬真善美,传递正能量。

4. 树立爱岗敬业精神,在教育实践中认真履行工作职责,积极钻研,富有爱心、责任心,工作细心、耐心,关心爱护幼儿,不得体罚和变相体罚幼儿,不得歧视、侮辱幼儿,严禁猥亵、虐待、伤害幼儿。

5. 仪表整洁,语言规范健康,举止文明礼貌,符合教师礼仪要求和教育教学场景要求。

6. 做幼儿学习与发展的支持者、合作者、引导者,遵循幼教规律,积极引领幼儿行为,帮助幼儿自主发展。不得采用学校教育方式提前教授小学内容,不得组织有碍幼儿身心健康的活动。

7. 不得索要、收受幼儿家长财物或参加由家长付费的宴请、旅游、娱乐休闲等活动,不得推销幼儿读物、社会保险或利用家长资源谋取私利。不得组织幼儿参加以营利为目的的表演、竞赛等活动,或泄露幼儿与家长的信息。

8. 增强安全意识,加强安全教育,保护幼儿安全,防范事故风险;在保教活动中遇突发事件、面临危险时,不得不顾幼儿安危,擅离职守,自行逃离。

项目二　实习的目的与任务

项目介绍

保教实习是学前教育专业学生最重要的实践教学环节,是培养方案的组成部分。实习生应明确实习的目的与任务,通过系统的实习,坚定热爱学前教育事业的信念,比较熟练地掌握保育、教育教学技能,掌握初步独立从事学前教育工作的能力。

项目导航

```
                              ┌── 保育实习的目的与任务
实习的目的与任务 ──┤
                              └── 教育实习的目的与任务
```

任务一　保育实习的目的与任务

一、保育实习的目的

保育实习是学前教育专业学生的重要实践环节。通过保育实习,促使学生将幼儿卫生保健知识、幼儿心理学知识运用到幼儿园的保育工作中,掌握保育工作的全部内容与方法,积累丰富的保育经验。培养学生良好的职业道德和修养,树立正确的健康观、保育观和儿童观,为成为一名合格的保教工作者奠定基础。

二、保育实习的任务

1. 掌握科学照料幼儿日常生活的基本方法,了解幼儿日常卫生保健、传染病预防和意外伤害事故处理的相关知识,掌握面临特殊事件发生时保护幼儿的基本方法。

2. 熟悉并掌握幼儿园卫生管理工作的操作流程和要求,能独立正确完成幼儿园清洁、消毒、隔离等卫生管理的各环节工作。

3. 熟悉幼儿园各类物品管理的规程和流程,并能自觉遵守管理要求。

4. 熟悉并掌握幼儿园一日生活安全及教育活动安全的要求,并自觉遵守安全工作要求。

5. 熟悉幼儿园教育的目标、任务、内容、要求和基本原则。将幼儿卫生学的基本知识和

3～6岁幼儿身心发展特点的知识运用到保育工作中,能主动观察、分析与评价幼儿的行为。

6. 完成规定的保育实习任务,认真填写《幼儿园保育实习工作手册》。

任务二 教育实习的目的与任务

一、教育实习的目的

教育实习是学前教育专业学生按照教育教学计划,在教师指导下,积极主动地运用已获得的专业知识和技能,在幼儿园从事教育教学工作实践的一种教育活动。幼儿园教育实习是促进学生深入全面地走进幼儿世界,将专业理论和专业知识转化为观察、分析和解决问题的能力,提高学生实际工作水平的重要环节。

教育实习的目的是巩固学生的专业思想,培养学生热爱儿童,热爱幼教事业的精神。使学生初步了解幼儿园教育理念与教育过程,掌握教育教学的方法。培养学生观察、了解幼儿的能力,组织管理的能力和独立工作的能力,增强学生对幼儿园工作的适应性。

二、教育实习的任务

1. 分别参与幼儿园各年龄段的教育工作,全面了解幼儿园的性质和工作任务,提高对幼儿教育工作的认识。

2. 学习掌握幼儿园教育工作的特点、内容和方法

(1) 在教师的指导下,能科学合理制订幼儿园教育教学活动计划,包括学期工作计划、月工作计划、周工作计划、一日或半日活动计划等。

(2) 熟悉和掌握幼儿园一日活动的基本环节、要求和方法,能独立设计和学习组织幼儿园一日活动。

(3) 掌握组织幼儿园班级工作的方法,参与组织幼儿园的大型活动,提高组织能力。

3. 参与幼儿园环境创设,能对实习班级的活动室进行设计与布置。

4. 掌握评价幼儿园教育教学活动的基本方法,学会教育观察、教学反思。

5. 完成规定的教育实习任务,认真填写《幼儿园教育实习工作手册》。

02

模块二　幼儿园保育实习

项目一　生活管理工作

项目介绍

　　生活管理是以幼儿园一日生活活动为轴线,旨在培养幼儿良好的生活自理、与人交往、自我保护等能力和规则意识,养成健康的生活卫生习惯,促进身心健康发展。实习生应学习了解幼儿园生活管理工作的内容,掌握幼儿园生活管理工作的操作要点,并尝试开展幼儿园一日生活活动。本项目主要介绍幼儿园八大生活活动的管理工作,包括入园接待、组织进餐、如厕、盥洗、睡眠、饮水、离园工作、健康观察。

项目导航

```
                                   ┌─ 入园接待
                                   ├─ 组织进餐
                                   ├─ 如厕
                   ┌─ 一日生活管理 ─┼─ 盥洗
                   │               ├─ 睡眠
  生活管理工作 ─────┤               ├─ 饮水
                   │               └─ 离园工作
                   └─ 健康观察 ─────┬─ 健康观察的内容
                                   └─ 健康观察的方法
```

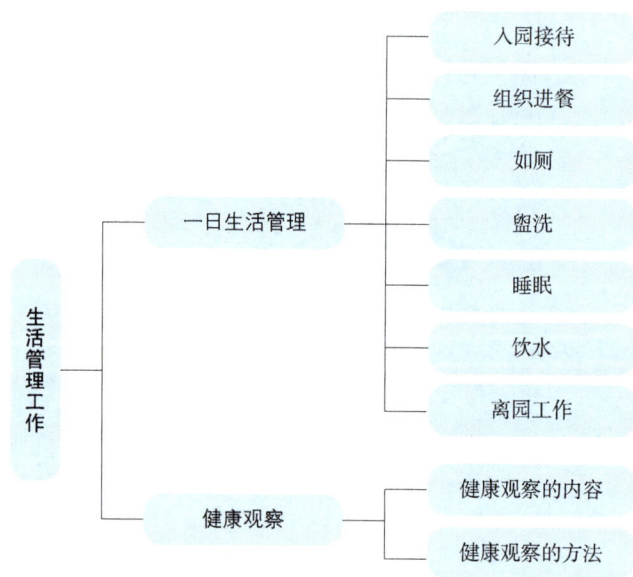

任务一　一日生活管理

学习目标

　　1. 了解一日生活管理工作的主要内容。

2. 掌握一日生活管理工作的操作任务及操作要求。

3. 能在保育老师的指导下，按要求做好幼儿园一日生活管理工作。

学习内容

一、一日生活管理工作的主要内容

幼儿园一日生活管理工作主要包括：入园接待、组织进餐、如厕、盥洗、睡眠、饮水、离园工作。

二、一日生活管理工作操作任务及操作要点

（一）入园接待

入园接待工作主要是入园前的清洁工作、热情接待幼儿、早餐前准备、清点人数、指导幼儿晨间活动等，具体操作任务及操作要点见表2-1。

表2-1　入园接待

操作任务	操作要点
1. 开窗通风，打扫环境卫生，做好室内外清洁工作	1. 开窗通风：打开活动室、睡眠室、盥洗室等的所有门窗，可借助排风扇等设备进行通风 2. 打扫室内卫生，温度适宜，窗明几净，材料整齐，为幼儿创造一个良好的生活、学习环境 3. 准备幼儿当日的毛巾，放在指定的地方供幼儿使用 4. 准备温开水，同时打开班级开水器烧水、晾水，拿饭之前倒入保温桶 5. 用消毒水擦拭水杯架、玩具柜、窗台、水龙头、门把手等幼儿易接触到的地方，并清洗干净
2. 热情接待幼儿入园	1. 积极、热情、主动地向幼儿及家长打招呼，提醒幼儿向教师问好，跟同伴打招呼，跟家人道别 2. 按卫生保健要求做好晨检工作 （1）一摸 摸额头：用手轻摸幼儿额头，检查幼儿是否发热。如发现可疑者，要用温度计测量体温 摸两腮：检查幼儿是否腮腺肿大，扁桃体是否发炎 （2）二看 观察幼儿的眼睛及面色：观察幼儿面色、眼睛是否正常，精神状态是否良好 观察幼儿的口腔：看上下嘴唇、牙龈有无红点、脓疹等症状 观察幼儿的舌头：看舌头上有无红点，舌苔是否太重 观察幼儿的咽：让幼儿张大嘴，用压舌板压舌，幼儿"啊……"，检查幼儿咽部有无红肿 （3）三问 向家长询问幼儿在家里的情况：饮食、睡眠、大小便等 向幼儿询问：身体是否有哪个地方不舒服，情绪是不是很好 （4）四查 检查幼儿的书包、口袋是否携带危险物品入园，并妥善保管，避免发生意外 检查幼儿的手指甲是否过长，双手是否卫生 检查幼儿衣着是否整洁，着装是否安全

续　表

操作任务	操作要点
3. 登记药品	1. 对带药入园的幼儿,请家长详细登记于园(所)幼儿带药服药记录表中,并确认签字 2. 把药品、记录表放在幼儿拿不到的地方,贴上标签,妥善保管
4. 帮助并指导幼儿有序存放所带物品	1. 指导幼儿将书包按标识(姓名或学号)摆放在固定位置,摆放时要求整齐、易拿取 2. 幼儿入园时,如带来贵重物品(如电子玩具、电话手表)或存在安全隐患的物品(如丝巾、钉子、纽扣、弹珠、豆子、小刀等小物件),教师一律收缴,放在固定位置,保管好,待其回家时归还,并交代家长和幼儿以后不能带以上物品入园
5. 早餐前准备	1. 7:45 按"清—消—清"的顺序,先用清水毛巾擦拭桌子,再用消毒液浸泡毛巾擦拭一遍,间隔 3~5 分钟后用清水毛巾再擦拭一遍,并取出已消毒的餐具按人数进行摆放 2. 7:55 拿饭,拿到饭后观察其温度(尤其是汤),如有过热的情况,及时放水池内降温,然后再盛给幼儿 3. 中大班可请值日生帮助分发餐具
6. 清点人数,组织晨间活动	1. 清点人数,做好点名记录 2. 帮助、指导幼儿进行晨间活动

附:园(所)幼儿带药服药记录表

园(所)幼儿带药服药记录表

(二)组织进餐

　　组织进餐主要是餐前准备工作、指导幼儿独自进餐以及餐后整理工作,具体操作任务及操作要点见表 2－2。

表 2－2　组织进餐

组织小班幼儿进餐

操作任务	操作要点
1. 做好餐前准备工作	1. 组织幼儿洗手、搬椅子坐到餐桌旁 2. 稳定幼儿的情绪,防止幼儿因过度兴奋而影响食欲 3. 分发餐具 (1) 为小班幼儿分发餐具:将碗放在正对椅子的桌面上,盘子放在碗的前面,将勺子放在盘子上 (2) 指导中、大班值日生分发餐具:在分发餐具前,先将餐具 5~6 个为一摞地准备好;分发餐具时,引导值日生每次拿一摞或半摞碗或盘,按座位的次序放置,保证一人一碗一盘;碗的位置要对应着椅子的中间,离桌边一横拳的距离,盘子应摆放在碗的前面;分发勺子或筷子时,手应握住勺柄处或筷子的粗端,勺子或筷子应放在盘子上,摆放整齐 4. 结合当天的饭菜,通过儿歌、讲故事、猜谜语等形式向幼儿介绍菜名及菜的营养成分
2. 指导幼儿独自进餐	1. 分发食物 (1) 公平对待每一位幼儿,根据幼儿的日常食量,少盛多添;先盛饭,后盛菜,吃完饭后再盛汤,保证幼儿吃好、吃饱 (2) 指导幼儿排队取分好的食物,并小心地端至自己的座位,不把食物撒出来

010

续 表

操作任务	操 作 要 点
	2. 指导幼儿独自用餐 (1) 指导幼儿双脚平放地面,身体端正坐好,不左右摇晃,双臂自然放在餐桌边缘,安静就餐,不说笑打闹 (2) 指导幼儿一只手拿勺子或筷子,一只手扶碗,一口饭,一口菜,细嚼慢咽;提醒幼儿需要添饭或菜时,知道举手示意,不喊叫 (3) 逐步培养幼儿文明进餐的习惯,不挑食,基本保持桌面、地面和衣服的清洁,不随便剩饭菜 3. 特别关注个别有情绪、挑食、身体欠佳等有特殊情况的幼儿,根据需要给予帮助,确保进食量
3. 做好餐后的整理工作	1. 指导幼儿将食物残渣倒入垃圾桶,将餐盘、碗、勺子或筷子分类放在指定位置 2. 指导幼儿进行饭后漱口、擦嘴、洗手,养成良好的习惯 3. 指导值日生进行桌面、地面的卫生清理工作 4. 组织幼儿进行餐后散步、户外观察等安静活动

(三) 如厕

如厕主要解决幼儿如厕的技术问题并指导幼儿独立如厕,具体操作任务及操作要点见表 2-3。

表 2-3 如厕

操作任务	操 作 要 点
1. 如厕前的准备工作	1. 清洁、干净、无异味的厕所 2. 准备柔软、清洁的手纸
2. 指导幼儿独立如厕	1. 及时提醒幼儿大小便:按需要小便,定时大便 2. 指导幼儿如厕的动作 (1) 双腿分开,双脚间的距离略宽于便池 (2) 双手抓住裤腰脱至膝盖处,慢慢下蹲 3. 指导幼儿专心排便 (1) 排便时不与小朋友说话 (2) 排便时不玩物品,专心排便 4. 指导幼儿擦屁股的方法 (1) 根据需要,取适量的纸巾 (2) 将卫生纸对折,从前往后擦拭;再次对折,再擦拭,直至干净 5. 帮助能力较弱的幼儿擦拭臀部
3. 如厕后收尾工作	1. 排泄完毕,指导幼儿提裤子,整理衣服 (1) 双手抓住裤腰,提好裤子 (2) 将内衣塞进裤子里,不露肚脐与后脊背 (3) 将外衣拉平整 2. 提醒幼儿便后及时冲洗厕所 3. 提醒幼儿便后及时用香皂或洗手液洗手 4. 观察幼儿大小便情况,发现异常,及时处理

(四) 盥洗

盥洗主要分为洗手、洗脸、漱口、刷牙,具体操作任务及操作要点见表2-4。

表2-4 盥洗

操作任务	操作要点
1. 洗手	1. 准备工作 (1) 盥洗室张贴洗手、擦手的流程图,指导幼儿用正确的方法洗手、擦手 (2) 组织幼儿分组并有序地进入盥洗室 (3) 准备好肥皂、毛巾 2. 洗手步骤 (1) 洗手前指导幼儿先将袖口挽起 (2) 轻轻地拧开水龙头 (3) 将手心、手背及手腕用流动水浸湿 (4) 抹肥皂,反复搓洗手心、手背、手腕、手指至泡沫丰富 (5) 用流动水将手冲洗干净 (6) 关上水龙头,最后用毛巾将双手擦拭干净。擦手时能将毛巾摊开,把手背、手腕上的水完全擦干 3. 在教师提醒下洗手时主动排队,不拥挤、不玩水、不浪费水
2. 洗脸	1. 准备工作 (1) 35℃～40℃的温水 (2) 幼儿专用毛巾、脸盆及润肤油 2. 洗脸步骤 (1) 清洗脸盆,倒入适量的温水,将干净的毛巾放到盆中浸湿 (2) 拧干毛巾并展开,用毛巾的四个角分别擦拭里、外眼角,鼻孔下方,耳朵等部位 (3) 清洗毛巾后依次擦拭前额、脸颊、口周、下巴、脖子等部位 (4) 清洗完毕,擦好婴幼儿润肤油以保持皮肤湿润
3. 漱口	1. 准备工作 (1) 温水 (2) 口杯 2. 漱口步骤 (1) 指导幼儿用自己的口杯接半杯温水,端在手中 (2) 漱口时,指导幼儿喝半口水含在口中,把头仰起,用力鼓腮,做"咕嘟"的动作15秒左右,吐出水来,然后再重复一遍 (3) 打开水龙头,冲洗口杯内外,然后将口杯放回原处
4. 刷牙	1. 准备工作 (1) 含氟牙膏、温水 (2) 幼儿专用口杯及牙刷 2. 刷牙步骤 (1) 指导幼儿清洗漱口杯和牙刷,将漱口杯接满温水 (2) 指导幼儿学习挤牙膏:双手持牙膏缓慢地用力挤压,待牙膏挤出约黄豆粒大小后,将牙膏涂在牙刷上 (3) 指导幼儿刷牙 ① 首先刷磨牙,牙刷呈45度角轻轻地放置在牙龈和牙齿之间,然后旋转着刷牙,所有牙齿都必须刷到 ② 接着刷牙齿的咬合面,牙刷和牙齿之间呈90度角轻轻地刷

续 表

操作任务	操作要点
	③ 再刷牙齿内侧面,将牙刷竖起来,用牙刷前面的刷毛轻刷,上面的牙齿由上往下刷,下面的牙齿由下往上刷 ④ 最后再轻轻地刷舌头的表面,可以有效清除食物残渣,并减少细菌 ⑤ 每次刷牙不能少于3分钟

(五) 睡眠

组织睡眠主要是创设良好的睡眠环境,指导幼儿独立睡眠,培养幼儿穿脱衣服和鞋袜的自理能力等,具体操作任务及操作要点见表2-5。

表2-5 睡眠

操作任务	操作要点
1. 睡前准备	1. 调适室内温度,拉上窗帘,创设安静、舒适的睡眠环境 2. 睡前10分钟提醒幼儿大小便,检查幼儿是否携带玩具或其他物品,提醒女孩子将皮筋放在指定位置 3. 提醒幼儿进入睡眠室后,不跑动,不在床上蹦跳,轻声说话 4. 可组织适宜的睡前活动。用轻柔的语调、缓慢的语速给幼儿讲述温馨简短的故事或儿歌,安定幼儿的情绪,帮助其尽快入睡
2. 午睡时	1. 提醒幼儿找到自己的小床,检查幼儿是否睡在了固定的那头 2. 指导幼儿脱鞋,整齐地摆放在床头的指定位置,摆正左右 3. 脱衣服、裤子和袜子,并整齐叠好、摆放在床框上 (1) 小班幼儿年龄小,自理能力差,应帮助幼儿学习脱放衣服 (2) 中班可以指导幼儿学会协作和相互帮忙、提醒、监督,逐步养成正确的脱衣、摆放衣物习惯 (3) 大班幼儿自理能力增强,可以请值日生协助指导和监管,并适时进行指导和整理 (4) 脱衣服的顺序为:鞋——袜子——裤子——上衣 ① 脱鞋:先解开鞋扣,然后抓住鞋跟将鞋脱下,最后将脱下的鞋摆放整齐 ② 脱袜子:双手抓住袜筒脱至袜跟处,然后用手捏住袜头脱下,最后将脱下的袜子放在鞋子里 ③ 脱裤子:双手抓住裤腰,脱至膝盖处,然后分别将裤子的左右腿脱下,最后将脱下的裤子平整地放在床框上 ④ 脱上衣(开襟衫):双手配合,从上到下将纽扣解开;然后双手分别握住袖口,依次将袖子脱下,最后将脱下的上衣平整地放在床框上 ⑤ 脱上衣(套头衫):左手捏住右手外衣袖口,将右手退出衣袖;右手捏住左手外衣袖口,将左手退出衣袖;再将衣服下摆从下向上捡到脖颈领处,将头脖领钻出
3. 睡眠中的关怀和帮助	1. 提示幼儿安静、独立入睡、右侧卧或仰卧入睡 2. 午睡巡视,观察幼儿的情绪、咳嗽或有睡眠异常,发现异常及时处理并进行记录 3. 注意提醒个别幼儿大小便。对尿床的幼儿要宽容、耐心安慰,及时处理,多加照顾,不能讽刺挖苦或流露不满情绪,防止幼儿在身心上受到伤害

组织小班
幼儿午睡

操作任务	操 作 要 点
4. 睡后整理	1. 播放轻松音乐,唤醒全体幼儿起床 2. 指导幼儿穿好衣、裤、袜和鞋子,系好鞋带,检查幼儿是否穿反衣裤和鞋子,并帮助调整 (1) 小班幼儿年龄小,自理能力差,应帮助幼儿学习穿衣服 (2) 中班可以指导幼儿学会协作和相互帮忙、提醒、监督,逐步养成正确的穿衣物习惯 (3) 大班幼儿自理能力增强,可以请值日生协助指导和监管,并适时进行指导和整理 (4) 穿衣服的顺序为:袜子——裤子——鞋——上衣;寒冷季节,为避免幼儿着凉,应按照先穿上衣——袜子——裤子——鞋的顺序 ① 穿上衣(开襟衫):将扣子逐一解开,两手握住衣领,衣里向外,从左绕到右边,将衣服披在肩上;抓住内衣的袖口,将左手伸进左边袖子里,右手伸进右边袖子里,从下到上逐个扣扣子;检查衣襟是否对称,扣子是否扣错 ② 穿上衣(套头衫):先分辨套头衫前后,将衣服前面朝下摆放在床上。双手提起套头衫下部开口部,将头从此处往上钻直至伸出领口。接着,一只手撑起下部,另一只手伸进同边的衣袖里(如之前穿了一件长袖子,还需抓紧衣袖),直至手掌完全从衣袖伸出。用同样的方法将另一只衣袖穿好。最后,将套头衫下部往下拉,并整理好衣袖 ③ 穿袜子:让幼儿知道袜子分袜头、袜跟、袜筒。穿袜子时,袜跟朝下,两手抓住袜筒,捏到袜头处(大拇指在内,四指在外),把脚伸入袜头内,将袜筒向上拉 ④ 穿裤子:坐在床上或床边穿裤子。先分辨裤子前后,将前面朝上平铺好。双手分别拉起裤头,将一只脚伸进同边裤脚,直至脚掌完全从裤腿伸出。再用同样的方法将另一只裤腿穿好。最后,站在床上将裤头提至腰处 ⑤ 穿鞋:坐在床边,将两只脚放入摆好的鞋子内。再拿起其中一只鞋子,一手抓住鞋舌,一手提起后跟,同时,脚往里瞪,直至全脚掌穿入鞋内,松开两手;接着用同样的方法,穿好另外一只鞋 3. 指导幼儿逐步学会整理床铺,注意对幼儿自理能力的培养 4. 起床后 (1) 提醒幼儿如厕,检查或帮忙整理好幼儿衣服 (2) 女孩子找到自己的梳子拿好,等待教师梳头

(六) 饮水

饮水工作主要是组织不同年龄段幼儿饮水,具体操作任务及操作要点见表2-6。

表2-6　饮水

操作任务	操 作 要 点
1. 饮水前的准备工作	1. 准备好温水。保温桶(饮水机)内的开水水温要符合幼儿安全,以滴在成人手背上不烫为宜 2. 饮水前组织幼儿洗手 3. 组织幼儿到水杯放置处拿取自己的水杯
2. 组织小班幼儿饮水	1. 将温度和水量适中的水倒入幼儿的杯中,要求幼儿一手握杯柄,一手托住杯身。提醒幼儿坐在自己的位子上,不说笑打闹,保持安静,小口喝水,避免呛水

续　表

操作任务	操 作 要 点
	2. 喝水后将水杯放回原处 3. 允许幼儿按需要随时喝水,注意幼儿饮水量,鼓励幼儿多喝白开水
3. 组织中、大班幼儿饮水	1. 指导幼儿掌握正确的接水方法,即一手握杯柄,一手按压水龙头(按钮),每次接半杯,喝完再接 2. 组织幼儿有秩序地取放自己的杯子,按照要求独自接水后回到自己的位子上安静地喝水 3. 为防止幼儿因拥挤而发生意外,可组织幼儿分组轮流接水、饮水 4. 喝水后将水杯放回原处

(七) 离园

离园工作主要为清洁卫生、指导并帮助幼儿整理个人物品和仪表等,具体操作任务及操作要点见表 2 - 7。

表 2 - 7　离园工作

操作任务	操 作 要 点
1. 清洁卫生	1. 待所有幼儿都进餐结束后再进行湿性扫除 2. 做好毛巾、水杯的清洗与消毒工作 3. 整理玩具物品,物归原处 4. 备好幼儿需要带回的药品和其他物品,提示幼儿离园时带回家
2. 指导并帮助幼儿整理个人物品和仪表	1. 提醒、帮助、鼓励幼儿自己动手整理衣物 2. 请幼儿安静坐好,也可根据日常对幼儿的了解,有针对性地个别关注或检查 3. 配合主班教师,以游戏形式,鼓励幼儿自查和互查 4. 对于能力差、常出现问题的幼儿,更要耐心、细致、周到,并在日常生活中注重对幼儿能力的培养
3. 指导幼儿自主选择安静性活动	1. 指导幼儿自主选择安静性活动,如区域活动、看图书、玩桌面游戏、折纸、剪纸等,便于有需要与个别家长进行简单交流 2. 看到家长来接,提醒幼儿主动收拾好玩具或图书,摆放好自己的椅子 3. 对于最后离园的幼儿,要耐心陪伴,让幼儿有安全感
4. 下班前将室内外地面、楼梯彻底清理干净,关好水、电和门窗	1. 要求家长不要随意进入活动室,有特殊需求的要提前和教师沟通 2. 做好日常的教育和管理工作 3. 要养成每日下班前检查门、窗、水、电的习惯

视 频
离 园 工 作

任务二　健康观察

学习目标

1. 掌握幼儿健康观察的内容与方法。

2. 能根据观察的异常现象,分析原因并进行有效调节。

学习内容

幼儿的健康观察主要是和幼儿平时的表现作对比,及时发现幼儿的异常表现并很快做出适宜的调整与处理。

一、健康观察的内容

幼儿园健康观察的内容主要包括:表情和面色、食欲、大小便、睡眠、身体体征以及情绪状况等。具体观察内容见表 2 - 8。

表 2 - 8 幼儿健康观察表

观察要点	观 察 内 容
表情、面色	眼神是否灵活,看上去是否有精神
	面色是否比平时苍白或发红
	是否有尖声啼哭等现象
食欲	食欲是否欠佳,饭量是否明显减少,甚至拒绝进食
	进餐是否伴有恶心、呕吐
大小便	大小便是否正常,或过多或过少
睡眠	入睡是否快,睡得是否安稳
	睡眠中是否出现惊厥和哭闹等现象
身体体征	是否出现鼻孔阻塞,用口呼吸或者流鼻涕,连续打喷嚏
	扁桃体是否红肿
	手心、脚心是否发热
	耳朵是否发红,额头和后颈是否有发热等症状
情绪状况	在各种日常生活活动中表现出兴奋还是安静,或是厌恶不满
	是否表现出有特别喜欢或厌恶的活动
	情绪表现是否明显
	是否在活动中希望引起他人的注意
	活动中是否自信

二、健康观察的方法

1. 一日生活中的跟踪观察。健康观察应贯穿于幼儿园一日生活的各个环节,特别是早上入园时情绪不佳或身体状况欠佳的幼儿。

2. 某一活动时间段的观察。如晨间接待、饮水、如厕、睡眠、进餐、户外活动、室内活动时对幼儿进行的观察。

项目二　卫生管理工作

项目介绍

　　卫生管理是幼儿园保育核心工作之一,是保证幼儿在整洁、舒适、安全的环境中愉快地参加各种活动的必要条件,是减少幼儿疾病发生和防止传染病传染的有效措施。实习生可以在指导教师的指导下,重点学习每一个任务的工作顺序、方式方法,明确卫生管理工作的标准。本项目主要包括三个方面的任务:一是清洁工作,二是消毒工作,三是隔离工作。

项目导航

清洁工作
- 活动室清洁
- 盥洗室清洁
- 睡眠室清洁
- 幼儿园其他清洁

消毒工作
- 幼儿园常见的消毒方法
- 消毒液的配制
- 幼儿园日常用品与设施设备消毒
- 幼儿园教学用具与大型体育器械消毒

隔离工作
- 患儿隔离
- 接触班隔离
- 患病工作人员隔离

卫生管理工作

任务一　清洁工作

学习目标

1. 掌握幼儿园活动室、盥洗室、睡眠室的清洁技能及卫生质量标准。
2. 能够按照保育工作规范要求完成幼儿园活动室、盥洗室、睡眠室的清洁。
3. 能够及时清洁幼儿撒饭、呕吐物及排泄物,保持幼儿个人卫生和班级环境卫生。

学习内容

幼儿园的清洁卫生直接影响幼儿的健康和幼儿园的教育工作,保育实习每天必做的工作之一就是保持幼儿园活动室、盥洗室、睡眠室以及其他环境的卫生。

一、活动室清洁

幼儿园活动室是幼儿在园生活最主要的场所,实习生需要在指导教师的指导下有计划、有质量地完成每日的卫生清洁,同时也要根据本班幼儿的年龄特点和需要,有针对性地加强和提升幼儿的生活自理能力。

(一)清洁工作程序

开窗通风——擦拭灯具——清洁墙壁——擦拭门、窗——清洁玩具柜——擦拭桌椅——清洁教学设备——清洁地面——摆放物品——清洁抹布、拖布。

(二)清洁准备工作

1. 实习生准备。

实习生应穿好方便卫生清洁的服装(运动服),扣好全部扣子,并将头发塞进帽子里。

2. 用品和工具准备。

活动室专用干抹布、湿抹布、半干抹布各一块,活动室专用拖把、扫把、簸箕各一个,水桶两个、消毒液一瓶、洗衣粉一袋、钢丝球一个等。

(三)清洁工作内容、操作技能及卫生标准

幼儿园活动室清洁的主要工作内容、操作技能以及卫生质量要求,参照表2-9。

二、盥洗室清洁

幼儿园盥洗室是幼儿活动的主要场所之一,实习生应掌握必要的操作技能,使盥洗室的清洁工作做到有章有序。

(一)清洁工作程序

开窗通风——清理污物——冲洗便池、水池——清洁门(框)、墙壁、镜子及柜子——清洁地面——摆放物品——清洁抹布、拖布。

表 2-9　幼儿园活动室卫生清洁

工作内容	操 作 技 能	卫生质量要求
开窗通风	1. 根据季节变化确定通风的方式 (1) 冬季:冬季开窗通风至少应达到每半日一次,通风的时间一般为 10～15 分钟。若幼儿离开活动室进行户外活动时,可打开大窗通风 (2) 夏季:一般全天通风,使用空调的房间应达到每半日通风一次,通风的时间一般为 10～15 分钟 (3) 春秋季:春秋季室外温度与室内温度相近时,只要无大风、大雨等异常天气,可进行全天的开窗通风 2. 根据天气情况开窗通风 (1) 室温过低或过高时:适当缩短通风时间,减小通风窗口 (2) 下雨时:及时观察风向,确定哪个方向的窗户溅雨并及时关闭;雨停后,打开尽可能多的窗户,让幼儿呼吸到新鲜空气 (3) 风大时:及时关闭窗户,避免灰尘进入从而造成室内空气污染;风停后,及时打开窗户进行通风换气	室内温度与室外温度相对较大时,应在幼儿户外活动时给活动室通风
清洁窗户	1. 用干净的半干抹布擦拭窗棱、窗台、暖气罩,暴露在外的暖气还要擦拭暖气管和暖气片 2. 用干净的湿抹布和干抹布分别擦拭玻璃,使之无尘土、无擦痕。遇到顽固的污渍,可以蘸取适量的去污粉用力擦拭几遍	日常清洁窗棱及窗台,保持清洁、无尘状态。两周清洁一次窗户玻璃,使之干净、无擦痕
清洁纱窗	1. 用两块湿抹布在纱窗的内外两侧相对擦拭,清除尘土 2. 用清洁的湿抹布擦拭干净	每天清洁纱窗,做到无尘土
清洁门框、门把手、门玻璃	1. 擦拭门框、边棱时,要从上到下,用干净的半干抹布擦拭 2. 擦拭门主体部分的正反两面时,要从上到下,用干净的半干抹布擦拭 3. 擦拭门把手时,先用干净的湿抹布擦一遍,再用经消毒液泡过的湿抹布擦拭一遍并滞留 10～15 分钟,最后用干净的半干抹布擦一遍	每天至少清洁一次门框和门把手,使其干净无痕。每两周擦拭一遍门玻璃,使之干净,无水渍、污渍和擦痕
清洁玩具柜	1. 先用干净的半干抹布将玩具柜内外侧各擦拭一遍,将尘土擦去 2. 用干净的半干抹布擦拭一遍盛放玩具的玩具筐,将尘土擦去 3. 按玩具的材质种类对其进行分类清洁 4. 将玩具分类收纳到对应的玩具筐中,并摆放整齐	每日清洁一遍玩具柜和玩具筐,将玩具及玩具筐摆放整齐
清洁灯具	1. 用半干抹布擦拭灯的开关,将开关、开关面板以及开关面板周围擦拭干净 2. 断电后,用半干抹布将灯管、灯罩擦拭干净	每月清洁灯具两次,要将灯的开关、灯管、灯罩等处擦拭干净
清洁地面 [视频] 清洁活动室地面	1. 扫地:轻轻压住打湿的扫帚,按由里向外的顺序清扫 2. 拖地:先拖家具及物品下方的地面,再拖其他位置;压住拖布,从左向右横着拖,到墙边时不要抬起拖布,可将拖布用力一转,把脏物带走,不留下卫生死角;从房间的里面向门口倒退着拖,以防把拖干净的地面踩脏 3. 清洗拖布:每拖完一遍地面,要视地面的清洁状况彻底洗涮拖布,保持拖布的清洁	活动室为幼儿活动主要场所,看到不干净、不整齐的地方应及时打扫和清理。活动室地面要求整洁、不潮湿,以免幼儿滑倒

（二）清洁准备工作

1. 实习生准备。

实习生应穿好方便卫生清洁的服装（运动服），扣好全部扣子，戴上橡胶手套并将头发塞进帽子里。

2. 用品和工具准备。

盥洗室专用干抹布、湿抹布各三块，盥洗室专用拖把、扫把、簸箕各一个，清洁盆三个、消毒液一瓶、洗衣粉一袋、钢丝球一个、洁厕灵一瓶，马桶毛刷及立桶一套等。

（三）清洁工作内容、操作技能及卫生标准

幼儿园盥洗室清洁的主要工作内容、操作技能以及卫生质量要求，参照表2-10。

表2-10　幼儿园盥洗室卫生清洁

工作内容	操作技能	卫生质量要求
开窗通风	1. 在幼儿入园前将盥洗室的窗户全部打开 2. 如果盥洗室没有窗户，应将排风扇打开	盥洗室应保持全天通风，时刻保持干燥，确保无味、无蝇
清洁便池、马桶	1. 指导并提醒幼儿大小便后要及时冲厕，帮助幼儿养成讲卫生的良好习惯 2. 戴上橡胶手套，将便池中的污物用清水冲掉 3. 用洁厕灵将便池底、拐角、下水口入口至10 cm处重点冲刷，保持便池光洁、无尿碱、无臭味 4. 使用次氯酸钠类的消毒剂进行消毒，并冲洗干净	便池和马桶每使用一次都要及时用水冲干净；每日早、中、晚各刷洗一次；每日消毒一次
清洁门框、墙壁	1. 从上到下，用干净的半干抹布擦拭门框 2. 从上到下，用干净的半干抹布擦拭门主体部分的正反两面 3. 用干净的湿抹布先擦一遍，再用经消毒液泡过的湿抹布擦拭一遍并滞留10～15分钟，最后用干净的半干抹布擦一遍 4. 从上到下，用干净的半干抹布擦拭盥洗室墙壁	每日擦洗门框及墙壁一次，保持干净，确保无污渍和手印
清洁洗手池、水龙头、水管及镜子	1. 先将洗手池中的污物捡拾干净 2. 用钢丝球蘸些许去污粉擦拭水池，将洗手池中的油污、水渍、污物彻底清除干净 3. 用钢丝球擦拭水管及水龙头，尤其是水管接口部位，将水渍、污渍擦洗干净 4. 用清水冲洗洗手池、水管、水龙头及台面，使洗手池表面光滑、无渍、无污物、无异味 5. 用干净的抹布将水管、水龙头、洗手池擦拭干净 6. 用半干抹布擦拭镜子2～3次，使之无水痕、干净明亮	洗手池、水龙头应该随用随擦，保持干燥、确保洗手池表面光滑、无污物、无异味，镜子无水痕、干净明亮
清洁地面	1. 用盥洗室专用扫帚将地面清扫干净，重点清洁柜子底、洗手台、暖气管与地面的死角处等 2. 用盥洗室专用半干拖布擦地2～3遍，直至地面无积水、无污渍，透亮为止	地面应保持干燥，防止幼儿滑倒摔伤；每天早、中、晚集中清洁一次，其余时间随脏随擦

三、睡眠室清洁

幼儿园睡眠室是幼儿午休的地方，实习生应熟悉整理清洁床铺的工作准备，正确选择

清洁工具,掌握整理清洁床铺的基本步骤和动作要领。幼儿园睡眠室清洁工作程序、清洁准备、操作技能和卫生质量要求如下。

(一) 清洁工作程序

清洁床体——幼儿睡眠——拉开窗帘——叫醒幼儿——幼儿穿衣离开后开窗通风——整理床单褥子——叠被——拖地。

(二) 清洁准备工作

1. 实习生准备。

实习生应穿好方便卫生清洁的服装(运动服)。

2. 用品和工具准备。

睡眠室专用干抹布两块,湿抹布、半干抹布各一块,睡眠室专用拖把、扫把、簸箕各一个,清洁盆一个、扫床刷一把等。

(三) 清洁工作内容、操作技能及卫生标准

幼儿园睡眠室清洁的主要工作内容、操作技能以及卫生质量要求,参照表 2 - 11。

表 2 - 11　幼儿园睡眠室卫生清洁

工作内容	操 作 技 能	卫生质量要求
开窗通风	1. 幼儿睡眠前开窗通风 2. 幼儿睡眠后,待全部穿戴整齐,离开睡眠室后开窗通风 3. 睡眠时间应避免空气对流	睡眠室要求通风良好,保证幼儿在临入睡前和起床后能及时通风换气,保持空气清新。室内温度适宜,尽量保持在 16℃～18℃,冬季提前做好关窗防寒取暖工作,夏季提前做好通风降温工作
清洁床铺	1. 清洁床体:用半干抹布按照从上到下的顺序进行擦拭,床头、床栏杆、床框、床脚等处都要擦到,做到无灰尘、无死角 2. 整理床单褥子:将床单、褥子铺平,确保无褶皱、整洁;同时要定期对床的垫被进行抽查,看有无异物和垃圾,并做到及时清理 3. 叠被子:将被子叠放整齐	睡眠室内床铺、枕头等物品要摆放整齐、有序,方便幼儿取放和出入睡眠室
清洁地面	1. 扫地:用扫帚将睡眠室地面清扫干净,重点清洁柜子底、床下、暖气管与地面的死角处等,并将垃圾收起 2. 拖地:用半干拖布从里面向门口倒退着从左向右横拖,直至地面无积水、无污渍,透亮为止	每日清洁一次地面,可使用清洁活动室的拖把
清洁窗帘	1. 踩上折叠梯,将窗帘取下 2. 将窗帘泡入盛着清水的盆中,直至完全浸湿,穿上干净套鞋并用双脚踩洗,去掉窗帘表面灰尘 3. 将窗帘放入洗衣机中,倒入适量的洗衣液,开启洗衣程序 4. 洗衣程序结束后,将窗帘晾挂在指定位置 5. 等窗帘干透后,将窗帘挂上窗户	每月清洗一次

四、幼儿园其他清洁

（一）幼儿撒饭后的清洁

在幼儿园中，由于幼儿动作协调能力有待提高，注意力容易受外界干扰而转移等问题，在吃饭过程中会出现撒饭的现象。当幼儿撒饭时，实习生应耐心、及时地协助幼儿离开所处位置，做好清洁工作，随时保持幼儿的个人卫生和班级的环境卫生，并安抚幼儿，引导幼儿愉快进餐。

（二）幼儿呕吐物的清洁

幼儿由于饮食不当、药物反应、胃肠疾病、哭闹厉害等原因可能引起呕吐。实习生应了解幼儿呕吐的原因，协助幼儿及时离开呕吐物，避免造成二次污染。帮助幼儿换上干净的衣物，用 1∶100 的 84 消毒液对呕吐物进行喷洒消毒并清扫地面。若幼儿症状明显，应及时联系家长，带幼儿就医。

（三）幼儿排泄物的清洁

幼儿由于神经控制系统发育尚不完善，在有大便需求时难以控制较长时间，有时会将大便拉到裤子里；也有的幼儿由于病毒感染、胃肠道疾病以及体质过敏等原因产生腹泻，从而造成幼儿自身污染和环境污染。实习生应在保育老师的指导下，及时将幼儿带至卫生间，脱下被粪便污染的裤子，以免继续污染；用温度适宜的清水冲洗幼儿身体上的排泄物，及时为幼儿换上干净的衣裤。用 1∶100 的 84 消毒液对污染物进行浸泡消毒、清洁、曝晒，保持其个人卫生和班级环境卫生。

幼儿撒饭后清洁、幼儿呕吐物清洁、幼儿排泄物清洁的操作准备及操作技能见表 2–12。

表 2–12　幼儿其他清洁

清洁项目	工作准备	清 洁 流 程		
幼儿撒饭后的清洁 视频 撒饭后的清洁	1. 干净抹布3块 2. 垃圾筐 3. 扫帚 4. 簸箕 5. 拖把	1. 清洁幼儿衣物 （1）协助幼儿及时离开所处位置，避免弄脏衣物 （2）用干净的半干抹布擦拭幼儿被污染的衣物 （3）如污染严重需帮幼儿脱下衣物进行清洗，并换上干净衣物	2. 清洁桌面 （1）用半干抹布将桌面饭菜擦进垃圾筐，更换另一块干净的半干抹布将桌面彻底擦拭干净 （2）清扫地面。用扫帚和簸箕将地面饭菜彻底清理，再用干净的半干拖把将地面拖洗干净	3. 愉快进餐 （1）安慰幼儿 （2）重新盛饭，引导幼儿愉快进餐
幼儿呕吐物的清洁 视频 呕吐后的清洁	1. 干净抹布 2. 垃圾筐 3. 扫帚 4. 簸箕 5. 拖把 6. 1∶100的消毒液 7. 喷壶	1. 清洁幼儿衣物 （1）协助幼儿及时离开呕吐物，避免造成二次污染 （2）用干净的半干抹布擦拭幼儿被污染的衣物 （3）如污染严重需帮幼儿脱下衣物进行清洗，并换上干净衣物	2. 处理呕吐物，清洁幼儿衣物 （1）喷洒消毒。用 1∶100 的 84 消毒液对呕吐物进行喷洒消毒 （2）清扫地面。停留 10 分钟后，用扫帚和簸箕清扫地面污物，并用经 1∶100 的消毒液拖把将地面拖洗干净	3. 联系家长症状明显者应劝家长带幼儿及时就医

清洁项目	工作准备	清 洁 流 程		
幼儿排泄物的清洁 视频 排泄物的清洁	1. 水盆 2. 毛巾 3. 扫帚 4. 簸箕 5. 肥皂 6. 1：100 的消毒液	1. 清洁幼儿衣物 （1）将幼儿带至卫生间，脱下污染衣物 （2）用温水冲洗幼儿身体上的排泄物；再用肥皂对所污染的部分进行搓洗；最后用温水将幼儿身上的肥皂泡沫冲洗干净 （3）将幼儿被冲洗的部位用毛巾擦洗干净后，及时为幼儿换上干净的衣裤	2. 处理被污染衣裤 用流动水冲洗幼儿被污染的衣裤，用肥皂对重点部位进行搓洗。用 1：100 的 84 消毒液将衣物浸泡消毒 10～15 分钟，洗干净后在阳光下暴晒	3. 消毒用具 1：100 的 84 消毒液浸泡所用毛巾、拖把 15 分钟后，将毛巾、拖把悬挂晾干

任务二　消毒工作

学习目标

1. 掌握幼儿园常见的消毒方法及使用范围。
2. 掌握幼儿园日常用品与设施设备消毒的主要内容及相应技能。
3. 掌握幼儿园教学用具与大型体育器械消毒的主要内容及相应技能。
4. 能够按照保育工作规范要求完成幼儿园环境与物品的消毒。

学习内容

一、幼儿园常见的消毒方法

消毒是指使用物理、化学、生物方法去除或消灭各种物体表面的病原微生物，使其达到无害化处理。幼儿园常见的消毒方法有物理消毒和化学消毒，如表 2 - 13。

表 2 - 13　幼儿园常见消毒方法

消毒类型		使用范围及注意事项
物理消毒	日晒消毒	通过阳光下暴晒进行消毒，主要适用于被褥、图书等物品
	紫外线灯消毒	1. 使用紫外线灯消毒，必须在无人的情况下进行；紫外线有效距离较短，一般距照射物不超过 2.5 m。空气消毒时，10～15 m² 面积装 30 W 紫外线灯每次照射 40～60 分钟；桌面、玩具、图书等消毒时，距离为 1 m，时间为 30 分钟 2. 每两周用酒精棉花擦拭灯管表面一次，除去上面灰尘和油垢，否则会影响紫外线的穿透效果；每次用后记录使用时间，一般紫外线灯的使用寿命为 1 000 小时，应及时更换 3. 房间内消毒时，空气地面应保持干燥、清洁，否则影响消毒效果；消毒图书、衣物、玩具等要定时翻动，使各个面都得到紫外线的照射

消毒类型		使用范围及注意事项
	煮沸消毒	1. 适用于食具、金属、玻璃制品及棉织品等耐湿热物品的消毒,一般消毒宜煮沸15～20分钟,取出后妥善保管,防止二次污染 2. 物品要浸没在水中,消毒时间从水沸腾时开始计时,整个过程保持连续煮沸,勿再加入新的物品 3. 将需要消毒的物品事先清洗干净,每次消毒的物品不超过消毒容器的2/3 4. 煮沸消毒时应将消毒容器盖严,以保持消毒所需的温度
	蒸汽消毒	1. 主要适用于食具、棉织物品、金属器具和玻璃制品等物品消毒 2. 采用蒸汽消毒时物品要疏松放置,一般需要蒸10分钟
化学消毒	84消毒液	1. 84消毒液是幼儿园最常用的消毒液,一般使用有效氯浓度为50 g/L左右的84消毒液原液 2. 1∶100的84消毒液适用于拖布、厕所、便盆等的消毒 3. 1∶200至1∶500的84消毒液适用于毛巾、桌面、地面、玩具、扶手、门把手、水龙头等的消毒
	来苏水	1. 来苏水为带有酚臭味的红褐色油状液体,呈强碱性 2. 一般使用3%～5%浓度的来苏水消毒
	漂白粉	1. 用0.2%～1.0%的漂白粉对用具、便盆等进行消毒 2. 漂白粉干粉可用于尿及稀便、呕吐物的消毒 3. 漂白粉乳液可用于稠便的消毒
	过氧乙酸	0.1%～0.5%的过氧乙酸溶液可用于不锈钢和塑料制品、体温表、水果的消毒

二、消毒液的配制

(一)以药物商品剂型为百分之百基数的配制计算公式

$$所需药量＝欲配制浓度×欲配制数量$$
$$加水量＝欲配制数量－所需药量$$

(二)以所含实际有效成分为基数的配制计算公式

$$所需原药量＝欲配制浓度×欲配制数量÷原药含量$$
$$加水量＝欲配制数量－所需原药量$$

附:配制1∶100的84消毒液9L

三、幼儿园日常用品与设施设备消毒

幼儿园日常用品与设施设备主要有:毛巾、餐巾、水杯、餐具、抹布、餐桌、床单、被罩、枕套、棉被、枕芯等。幼儿园日常用品与设施设备的消毒方法、操作步骤及消毒次数如表2-14。

文案

配制1∶100的84消毒液9L

表 2 - 14　幼儿园日常用品与设施设备消毒表

物品名称	消毒方法	操作步骤	消毒次数
活动室睡眠室	紫外线消毒	1. 清扫。彻底清扫活动、睡眠室 2. 按要求开窗通风(每日至少开窗通风 2 次,每次至少 10～15 分钟),保持空气清新 3. 使用紫外线灯持续照射 60 分钟	1 次/天
毛巾餐巾	煮沸消毒蒸汽消毒消毒液消毒	1. 清洗:毛巾和餐巾消毒前用清水彻底清洗干净 2. 消毒 (1) 煮沸消毒:煮沸消毒 15 分钟 (2) 蒸汽消毒:流通蒸汽消毒 10 分钟 (3) 消毒液消毒:用 250～500 ml/L 有效溴或有效氯的消毒液浸泡 15～30 分钟,再用清水冲洗干净	1 次/用
水杯	煮沸消毒蒸汽消毒消毒柜消毒	1. 洗:彻底清洗杯口、杯内、水杯把手 2. 消毒 (1) 煮沸消毒:待水煮沸,全部浸没在沸水中煮 15 分钟 (2) 蒸汽消毒:蒸汽 15 分钟进行消毒 (3) 消毒柜消毒:使用符合国家标准规定的消毒柜进行消毒	如果一天茶杯只用于喝水,不喝牛奶或豆浆,每天只需消毒一次。如果喝牛奶或豆浆,必须在吃完后立即清洗消毒
茶杯箱毛巾架	消毒液消毒	1. 洗:用清水彻底清洗茶杯箱、毛巾架 2. 消毒:用 250 ml/L 有效溴或有效氯的消毒剂溶液擦拭,再用清水清洗干净	
餐具	煮沸消毒蒸汽消毒消毒柜消毒	1. 洗:清洗餐具 2. 消毒 (1) 煮沸消毒:待水煮沸,全部浸没在沸水中煮 15 分钟 (2) 蒸汽消毒:蒸汽 15 分钟进行消毒 (3) 消毒柜消毒:使用符合国家标准规定的消毒柜进行消毒	1 次/用
餐桌 （视频 餐桌消毒）	消毒液消毒	1. 准备 3 块毛巾(2 块清洁毛巾、1 块消毒毛巾)、2 个盆(1 盆装有清水、1 盆装有配制好的有效氯浓度为 100～200 mg/L 的消毒液) 2. 用 1 块清洁毛巾按"几"字形清洁桌面及桌边 3. 用浸泡过消毒液的半干毛巾按"几"字形消毒桌面及桌边,滞留 10 分钟 4. 用清洁毛巾按"几"字形清洁桌面及桌边	1 次/用
床单、被罩、枕套	日晒消毒	1. 洗:用肥皂清洗床单、被罩、枕套 2. 消毒:阳光下晾晒 6 小时	1 次/月
棉被、枕芯	日晒消毒	将棉被、枕芯阳光下曝晒 6 小时,其间把被褥翻面再晾晒	1 次/月
额温枪	消毒液消毒	1. 日常保洁 2. 使用前用 75%的酒精擦拭	1 次/天
玻璃温度计	消毒液消毒	使用 75%～80%的乙醇溶液,浸泡消毒 3～5 分钟	1 次/用

物品名称	消毒方法	操作步骤	消毒次数
门把手 水龙头	消毒液消毒	1. 配制消毒液:配备有效氯浓度为 100～250 mg/L 的含次氯酸钠的消毒液 2. 滞留擦拭:用蘸有消毒液的抹布对门把手、水龙头、儿童床进行滞留擦拭,滞留 10～30 分钟 3. 半干抹布擦拭:用浸泡过清水的半干抹布擦拭一遍	1 次/天
儿童床	消毒液消毒	1. 配制消毒液:配备有效氯浓度为 100～250 mg/L 的含次氯酸钠的消毒液 2. 滞留擦拭:用蘸有消毒液的抹布对门把手、水龙头、儿童床进行滞留擦拭,滞留 10 分钟 3. 半干抹布擦拭:用浸泡过清水的半干抹布擦拭一遍	1 次/周
厕所便器	消毒液消毒	1. 清洗便器 2. 配制消毒液:配备有效氯浓度为 400～700 mg/L 的 84 消毒液 3. 消毒:把便桶、便盆全部浸泡在消毒液中,浸泡时间为 30 分钟 4. 冲洗:消毒后用清水冲洗干净,晾干	1 次/天
抹布	消毒液消毒	1. 冲:用流动水将黏附在抹布上的污物冲洗干净 2. 洗:将抹布用肥皂或洗涤剂洗净 3. 消毒:使用有效浓度为 400 mg/L 的次氯酸钠类消毒液,浸泡消毒 20 分钟,再用清水漂洗干净 4. 晾晒:把消毒后的抹布挂在晾衣架上,放置室外进行晾晒	1 次/天
拖把	消毒液消毒	1. 清洗:用后及时用清水清洗干净 2. 消毒:使用有效浓度为 250 mg/L 的次氯酸钠类消毒液,浸泡消毒 10～20 分钟;传染病流行季节,使用后的拖把用 1 000 mg/L 有效氯的消毒液浸泡消毒 30 分钟 3. 用清水冲洗后沥干	1 次/天

四、幼儿园教学用具与大型体育器械消毒

幼儿园教学用具与大型体育器械主要有:玩具、图书以及各种小乐器、小型器械材料和大型体育器械等。幼儿园教学用具与大型体育器械的消毒方法、操作步骤及消毒次数如表 2 - 15。

表 2 - 15 幼儿园教学用具与大型体育器械消毒

物品名称	消毒方法	操作步骤	消毒次数
玩具	消毒液消毒	1. 配制消毒液:配备有效氯浓度为 100～250 mg/L 的含次氯酸钠的消毒液 2. 消毒:把玩具放在配备好的消毒液中浸泡 10～30 分钟 3. 冲洗:用清水冲洗干净玩具 4. 晾晒:把清洗后的玩具放在通风的地方晾晒	1 次/周,发生传染病每天消毒一次

物品名称	消毒方法	操作步骤	消毒次数
图书	日晒消毒	1. 暴晒:把准备要消毒的书籍放在阳光直射的地方,一本本地分开,不得相互叠夹,暴晒时间一次需要4～6小时 2. 收拾整理:把消毒好的图书收拾整理好	1次/周
教学用具	消毒液消毒	1. 配制消毒液:配备有效氯浓度为100～250 mg/L的含次氯酸钠的消毒液 2. 消毒:把能够使用化学消毒的教学用具放在配备好的消毒液中浸泡10～30分钟;对于不能浸泡的用具,采用擦拭滞留的方法,滞留15分钟后,用浸泡过清水的半干抹布再擦一遍 3. 冲洗:用清水冲洗干净浸泡的教学用具 4. 晾晒:把消毒好的教学用具放在通风的地方晾晒	1次/周
桌、椅	消毒液消毒	1. 配制消毒液:配备有效氯浓度为100～250 mg/L的含次氯酸钠的消毒液 2. 使用次氯酸钠消毒剂擦拭消毒 3. 用清水擦拭干净	1次/天
大型体育器械	消毒液消毒	1. 清洗:用清水将户外大型玩具各部位清洗干净 2. 配制消毒液:配备有效氯浓度为1∶200的84消毒液 3. 消毒:用1∶200的84消毒液对户外大型玩具各部位进行喷洒,或用蘸有消毒液的抹布对大型玩具进行滞留擦拭,滞留10～30分钟 4. 清洗残留消毒液:用干净的半干抹布擦拭滞留的消毒液	1次/周

任务三　隔离工作

学习目标

1. 了解幼儿园隔离的注意事项。
2. 能够按照隔离要求对患儿、接触班以及患病工作人员进行隔离。

学习内容

幼儿园隔离主要是针对传染病,即把传染病人与健康人分开,杜绝传染机会,以限制和扑灭传染病的蔓延。

一、患儿隔离

1. 幼儿发热或有传染病时,应立即隔离,并及时通知家长带患儿治疗。
2. 隔离应有单独的房间,隔离室的玩具、用具必须单独使用,并定期消毒。

3. 隔离后的患儿应有专人细心护理、治疗,按时给病儿吃药、详细记录病情,并合理安排他们的生活与饮食;患不同传染病的幼儿要分开隔离,以免交叉感染。

4. 隔离室工作人员要固定,不串班,不与健康幼儿接触,不进厨房,进入隔离室要戴口罩,穿隔离衣,离开隔离室时要脱去隔离衣,并用来苏水或肥皂仔细洗手。

5. 与患儿有过接触的幼儿或成人,应进行检疫、观察或隔离;对可疑患儿也要进行临时隔离,并及时查明原因。照顾健康班的工作人员不能进隔离室。

6. 对患儿的隔离时间应严格按各传染病规定的期限。

二、接触班隔离

1. 对接触班的隔离是将与急性传染病患儿所在的班和其他未接触病人的儿童隔离,直到该传染病最长潜伏期终了时,再无新患者发现为止。

2. 对接触班的幼儿要进行医学观察,及时查明原因并采取必要的防治措施。

3. 观察他们的饮食、精神、大小便、体温等是否异常,安排好一日活动,适当增加营养,并随时将护理观察的情况告诉医生。

4. 观察期间,接触班不收新生入园,不混班,不串班,做到分散活动,以缩小传染范围。对接触班进行彻底消毒。

三、患病工作人员隔离

园中的工作人员若患了传染病,应立即进行隔离,同时要做好与其接触人和班级的检疫及消毒工作。

附:××幼儿园隔离室制度

××幼儿园
隔离室制度

项目三　配合工作

项目介绍

　　配合工作是幼儿园教育活动组织与实施的重要保证。实习生应在教师的指导下，了解配合工作的意义、指导要点，并配合本班教师组织教育活动。本项目主要介绍室内集体教学活动的配合工作、室内区域活动的配合工作、户外体育活动的配合工作。

项目导航

```
                                                      ┌── 室内集体教学活动前的准备
                            室内集体教学活动的配合工作 ──┼── 室内集体教学活动中的配合
                            │                         └── 室内集体教学活动后的整理
                            │
                            │                         ┌── 室内区域活动前的准备
          配合工作 ─────────┼── 室内区域活动的配合工作 ─┼── 室内区域活动中的配合
                            │                         └── 室内区域活动后的整理
                            │
                            │                         ┌── 户外体育活动前的准备
                            └── 户外体育活动的配合工作 ─┼── 户外体育活动中的配合
                                                      └── 户外体育活动后的整理
```

任务一　室内集体教学活动的配合工作

学习目标

　1. 了解室内集体教学活动的目标、内容、要求，并做好前期准备工作。
　2. 掌握室内集体教学活动的指导要点，能配合教师开展室内集体教学活动。
　3. 善于观察幼儿在活动中的不同表现，并指导幼儿。

4. 了解活动后的整理事项,能配合教师完成活动后的整理工作。

📖 学习内容

室内集体教学活动的配合工作主要包括室内集体教学活动前的准备、室内集体教学活动中的配合以及室内集体教学活动后的整理。

一、室内集体教学活动前的准备

室内集体教学活动前的准备工作包括:了解教学活动目标、内容及要求;主动询问带班教师是否需要帮助制作玩教具,检查玩教具的质量是否完好无损,数量是否足够;根据教学要求布置场地,协助教师准确有序分发教学活动用品。

二、室内集体教学活动中的配合

室内集体教学活动中的配合工作包括:配合教师的教学活动,提供适当的帮助;善于观察并辅导幼儿;关注需要特殊照顾的幼儿。

三、室内集体教学活动后的整理

室内集体教学活动后的整理工作包括:收拾和整理材料;进一步清点检查设备;归类保存幼儿作品;清洁卫生;组织盥洗、如厕、饮水等。具体工作内容如表2-16。

表2-16　室内集体教学活动配合工作

室内集体教学活动前的准备	检查室内环境	检查室内环境,保证室内空气流通、温度适宜
	了解教学活动目标、内容及要求	每次活动前,应与教师沟通,了解活动的意义和目标,掌握活动的内容和指导要点,从而协助教师开展各种教学活动,完成教学任务
	准备玩教具	1. 主动询问教师是否需要帮助制作玩教具 (1) 实习生应主动、积极地参与到玩教具的制作过程中,选择合适的材料,协助教师制作玩教具 (2) 在玩教具的制作过程中,应考虑材料是否结实、耐用、卫生,有没有尖锐的东西可能误伤幼儿,玩教具的大小、轻重应适合该年龄段幼儿使用

		（3）实习过程中,应注意收集生活中的废旧材料和可利用的零星材料,并进行分类整理、消毒,以备使用,如快递盒、蛋糕盒底座等 2. 询问教师需要准备玩教具的具体数量
	场地布置	1. 清洁卫生,创设环境 （1）做好桌面、地面、黑板的清洁消毒工作 （2）根据天气情况,调节室内亮度 （3）根据活动特点和教师要求摆放桌椅 2. 摆放教具和材料 （1）根据活动特点和教师要求,准备此次活动所需的教具和材料,并摆放在指定的位置 （2）确保教具、材料数量充足,安全无损坏
室内集体教学活动中的配合	及时、有效地配合教学活动	1. 配合教师按步骤展示教具,弥补教学活动中忽视的问题,帮助教师顺利完成教学活动过程 2. 根据实际情况指导幼儿活动 （1）指导幼儿完成活动内容 （2）指导幼儿操作材料等 3. 及时与教师、家长沟通,保证对幼儿教育要求的一致性 4. 在活动过程中,不要在活动室走来走去,更不要打断教师的话
	善于观察幼儿的不同情况,采用不同的方式进行指导	1. 观察幼儿活动的秩序,善于运用适当的方式维持活动的秩序,发现不安全因素以及幼儿不当的行为及时制止 2. 观察幼儿的表现,注意幼儿的坐姿、用眼卫生习惯、书写姿势等 3. 观察幼儿的情绪变化,对于中途需要小便、有特殊要求的幼儿及时给予帮助,以免影响活动的正常进行
	做好工作记录	做好观察记录,以便进行有针对性的教育,记录内容如下: 1. 班级的基本情况、全班幼儿的活动情况 2. 活动名称、目标、内容及教育要求等 3. 个别幼儿的活动情况,如体弱儿、肥胖儿、多动儿、胆怯儿等 4. 玩教具的使用情况
室内集体教学活动后的整理	收拾和整理材料	活动结束后,应指导幼儿配合教师共同对活动场地、材料等进行初步的收拾和整理,把用过的东西有序地放回原处,把废弃的材料和垃圾扔到垃圾桶
	进一步清点检查设备	活动结束后,应根据情况做进一步收拾与整理,清点和检查设备、材料的情况,保证设备、教具等还原成使用前的样子,以便下次使用
	归类保存幼儿作品	对活动中幼儿的作品及其有保留价值的物品（如绘画、手工作品等）进行归类整理,标上日期收到档案袋中
	清洁卫生	活动结束后,应对活动室的地面、桌面的细碎垃圾进行彻底清洁,并及时开窗通风,保证室内场地、设备的清洁卫生
	组织盥洗、如厕、饮水	活动结束后,根据情况组织幼儿盥洗、如厕、饮水

任务二　室内区域活动的配合工作

学习目标

1. 了解室内区域活动的设置要点,能协助教师规划室内区域活动。
2. 能配合教师准备各区域活动所需材料。
3. 善于观察幼儿在区域活动中的不同表现,并有针对性地给予帮助和教育。
4. 能配合教师完成区域活动后整理与分享工作。

学习内容

室内区域活动的配合工作主要包括室内区域活动前的准备、室内区域活动中的配合以及室内区域活动后的整理。

一、室内区域活动前的准备

室内区域活动前的准备工作包括:了解室内区域活动的设置;配合教师规划活动区;配合教师准备区域活动材料。

二、室内区域活动中的配合

室内区域活动中的配合工作包括:配合教师组织区域活动;观察幼儿,有针对性地给予帮助和教育。

三、室内区域活动后的整理

室内区域活动后的整理工作包括:收拾整理区域活动材料;协助教师做好活动后的交流和分享。具体工作内容如表 2 - 17。

表 2-17　室内区域活动配合工作

室内区域活动前的准备	配合教师规划活动区	1. 配合教师根据幼儿的年龄特点、实际需要、各类活动的教育功能及场地条件等因素设置好活动区 2. 设置区域的数量要能满足全班幼儿的自由活动的需要(一般为 5 个区域,每个区域 5~7 人) 3. 区域设置注意动静分开,以免相互干扰,并且注意确保幼儿始终在自己的视线内
	配合教师准备区域活动材料	1. 配合教师及时增加区域种类和丰富区域活动材料 2. 材料投放应注意安全性、趣味性、适宜性、层次性,并将其摆放在合适的位置,便于幼儿自由取放和使用
室内区域活动中的配合	配合教师组织区域活动	1. 配合教师,指导幼儿选择合适的区域 2. 配合教师,维持好幼儿活动秩序,发现问题,向教师进行反馈,并及时处理 3. 清点幼儿人数,尤其是分组活动,要避免幼儿离开活动场地,发生危险
	观察幼儿,有针对性地给予帮助和教育	1. 观察幼儿活动的情况,并不断地给予鼓励和表扬,激发幼儿游戏和探究的兴趣 2. 观察幼儿的需求,并给予适宜的帮助 3. 观察幼儿之间的交往,出现矛盾和冲突要及时处理和引导
室内区域活动后的整理	收拾整理区域活动材料	1. 区域活动结束后,要指导幼儿把材料放回原位,并检查材料是否有破损,及时更换和修补 2. 定期更换、清洗区域材料,确保活动区干净、整洁 3. 协助教师管理好区域活动开展过程中幼儿的作品
	协助教师做好活动后的交流和分享	活动后可有针对性地参与幼儿的讨论,帮助教师做好活动后的交流和分享,提升幼儿区域游戏活动水平

任务三　户外体育活动的配合工作

学习目标

1. 了解户外体育活动的目标、内容、要求,并做好活动场地、活动材料、幼儿衣物的准备工作。

2. 掌握活动量的考察方法以及特殊幼儿的护理方法。

3. 能够领会教师的教育意图,协助教师组织好户外体育活动。

4. 了解活动后的整理事项,能配合教师完成户外体育活动后整理。

学习内容

户外体育活动的配合工作主要包括户外体育活动前的准备、户外体育活动中的配合以及户外体育活动后的整理。

一、户外体育活动前的准备

户外体育活动前的准备工作包括：了解户外体育活动目标、内容及要求；对幼儿进行安全教育；场地检查；幼儿身体状况及衣物检查；对活动室开窗通风；组织幼儿到活动场地。

二、户外体育活动中的配合

户外体育活动中的配合工作包括：配合教师组织幼儿；观察幼儿，有针对性地给予帮助和教育。

三、户外体育活动后的整理

户外体育活动后的整理工作包括：配合教师指导幼儿清理场地；稳定幼儿情绪；幼儿衣物整理；协助教师组织幼儿；组织盥洗、如厕、饮水；清洁卫生。具体工作内容如表 2-18。

表 2-18　户外体育活动配合工作

户外体育活动前的准备	了解户外体育活动目标、内容及要求	1. 活动前，及时与教师沟通，了解活动目标及本次活动的教育意图，熟悉活动的内容及要求，以便在活动中对幼儿有针对性地指导 2. 对活动中所需要的材料进行准备和检查，保证安全、无损坏、数量充足，并按教师的要求把材料摆放在指定位置，同时还应熟悉材料的使用方法
	对幼儿进行安全教育	清点人数，对幼儿进行安全常识教育，避免幼儿活动时发生相互碰撞、推搡、争抢、打闹等危险动作
	场地检查	1. 活动前对场地进行检查，做到无坑、无砖、地面无松动、无积水、无凸起物，并及时清理影响幼儿活动的杂物 2. 对活动中所需要的设备、材料进行准备和检查，保证安全、无损坏、数量充足，并按教师的要求把材料摆放在指定位置，同时还应熟悉材料的使用方法
	幼儿身体状况及衣物检查	1. 提前了解天气情况，根据天气变化以及幼儿的身体状况，提醒幼儿增减衣物。为幼儿垫上汗巾，检查幼儿服装穿戴情况 2. 组织幼儿如厕、洗手、喝水 3. 为幼儿准备擦汗毛巾，要求人手一条

续　表

	对活动室开窗通风	在幼儿户外活动时间,对活动室开窗通风
	组织幼儿到活动场地	组织幼儿安全有序地下楼;排好队按指定位置进入活动场地
户外体育活动中的配合	配合教师组织幼儿	1. 协助教师维持好幼儿活动秩序,发现问题,向教师进行反馈,并及时处理 2. 清点幼儿人数:活动前、活动中、活动后都要清点幼儿人数,尤其是在活动中,当幼儿分组活动时,还要清点人数,避免幼儿离开活动场地,发生危险
	观察幼儿,有针对性地给予帮助和教育	1. 观察幼儿的活动量。通过观察幼儿的面色、呼吸、出汗等情况,确定活动量的大小;根据幼儿的实际情况,调整运动量,既不能让幼儿超负荷运动,过度劳累,也不能运动量过小,起不到锻炼的效果;针对出汗较多的幼儿,应更换汗巾或换上干净的衣服,避免着凉 2. 观察幼儿的情绪。观察幼儿的情绪反应,如果发现幼儿有不舒服(中暑、腹泻等),要及时进行必要的处理,并尽快送医务室做进一步的医治 3. 关注特殊幼儿。活动中应重点关注肥胖儿、体弱儿、多动儿等特殊幼儿,了解特殊幼儿的形成原因、护理方法,针对幼儿的不同情况,进行有针对性的指导 4. 积极参与幼儿的活动,并适时介入指导。如当幼儿在运动中出现不安全因素时或遇到困难时,要进行适时介入,排除安全隐患、帮助幼儿解决困难等
户外体育活动后的整理	配合教师指导幼儿清理场地	活动结束后,应指导幼儿配合教师共同对活动场地、设备、使用的工具、材料等进行初步的收拾和整理;并进一步清点、整理器械,摆放整齐,发现有损坏时,及时与教师联系,进行简单的修理
	稳定幼儿情绪	配合教师结束活动,并注意幼儿由兴奋状态转化为平和状态的互相衔接
	幼儿衣物整理	帮助小班幼儿整理衣物,拍打身上的尘土;指导中大班幼儿自己整理衣物;提醒幼儿带回全部体育锻炼用的毛巾;引导幼儿正确使用毛巾将额头、身上的汗擦干
	协助教师组织幼儿	协助教师组织幼儿有序排队,清点人数
	组织盥洗、如厕、饮水	活动结束后,组织幼儿洗手、如厕、饮水,必要时组织幼儿洗脸
	清洁卫生	协助教师把材料归位,做好场地清洁卫生工作

项目四　安全工作

项目介绍

　　安全无小事,安全工作是幼儿园工作的第一位。确保幼儿安全,保护幼儿的生命是幼儿园的首要任务,幼儿园应为幼儿提供轻松、愉快的安全环境,让幼儿主动获取一定的安全知识和救助方法,树立安全意识。本项目主要包括一日生活安全和一日教育活动安全两部分。

项目导航

```
                  ┌── 一日生活安全工作 ──┬── 一日生活安全工作的内容
                  │                      └── 一日生活安全工作的安全要点
安全工作 ─────────┤
                  └── 一日教育活动安全工作 ┬── 一日教育活动安全工作的内容
                                          └── 一日教育活动安全工作的安全要点
```

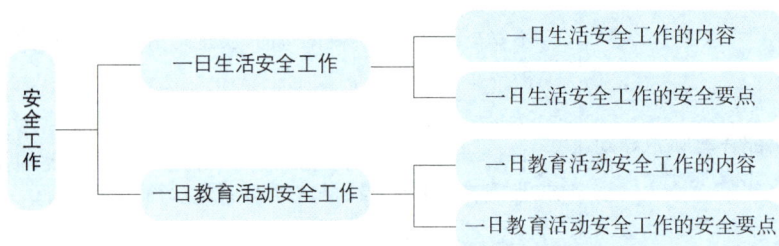

任务一　一日生活安全工作

学习目标

1. 了解一日生活安全工作的重要性。
2. 掌握一日生活安全工作的安全要点。
3. 能够指导幼儿养成一日生活的安全意识和自我安全防范的能力。

学习内容

一、一日生活安全工作的内容

　　一日生活安全工作主要包括来园、离园安全,晨、午、晚检安全,早午晚餐安全,午点加餐安全,睡眠安全,饮水安全,盥洗、如厕安全,药品安全。

二、一日生活安全工作的安全要点

一日生活安全工作的安全要点具体如表 2 - 19。

表 2 - 19　幼儿园常规工作安全

一日生活环节	安 全 要 点
来园、离园安全	1. 严格执行接送卡制度,一定要与家长当面交接幼儿,确保幼儿安全离园 2. 教育幼儿不要单独离开幼儿园。有陌生人来接,一定要有监护人的明确通知,并且把幼儿交给来人后,再次告知幼儿的监护人 3. 严禁家长进班接幼儿,要在班级门口交接。在此期间和家长交流沟通要简短,提醒家长看护好自己的孩子,并且注意照顾班内其他幼儿 4. 提醒家长接送幼儿时,在园门口停车,倒车要注意幼儿的安全 5. 教师不得随意将未接走的幼儿放在其他班或交给门卫,要等到班级所有幼儿全部被接走后,方可下班 6. 对接送中的可疑人员要及时上报园领导 7. 特殊情况的家庭(家长身体、精神问题、父母离异)的幼儿监护权要明确,不可把幼儿交给非监护人
晨、午、晚检安全	1. 检查幼儿衣着(衣服是否舒适、安全、透气;衣服扣子、拉锁是否尖锐;幼儿是否穿戴带绳的连帽衫;幼儿是否穿着系鞋带鞋子入园;长头发幼儿是否带有装饰物的头绳和发卡) 2. 检查幼儿是否携带危险物品,如小刀、硬币、花生等 3. 注意幼儿是否患有传染性疾病,如发热等
早中晚餐安全	1. 所有餐具、用具按照操作规定严格消毒 2. 对饮食有特殊要求的幼儿要严格登记,如食物过敏的幼儿、少数民族幼儿 3. 热菜、热饭、热汤有专人看护,放置在安全的地方,防止烫伤幼儿 4. 分餐时,应从正面递给幼儿饭菜,禁止从幼儿头顶上传递热汤、热菜等 5. 进餐过程中,教育幼儿一手扶碗,一手拿勺子,不开玩笑、不打闹、不嬉笑、不哭泣,以防食物误入气管;幼儿嘴里有食物时不催促,咽下最后一口食物后才可离开座位 6. 进餐完毕后,及时收拾碗筷,清洁桌面、地面,防止幼儿滑倒摔伤,并指导幼儿用淡盐水漱口 7. 餐后指导幼儿做些安静舒缓的活动,不打闹;天气好的时候可组织幼儿到户外进行餐后散步,餐后放松活动结束时要分组如厕,组织幼儿安静进入休息室
午餐加点安全	1. 领午点时发现食物腐烂变质时立即更换 2. 要将苹果、梨等需要清洗的水果洗干净并去皮,避免农药残留 3. 在发放午点前要把手和餐具洗干净,并让幼儿在吃午点前洗手 4. 指导幼儿正确吃午点的方法 5. 如使用刀具要十分小心,避免刀具伤到幼儿;用完后放在幼儿拿不到的地方 6. 加餐时教师要先将牛奶加热,把温热的牛奶倒在幼儿杯里,并把点心放置在餐盘中 7. 进餐时不随意跑动说话,喝完牛奶清洗杯子要到位,以不留奶液为宜
睡眠安全	1. 睡眠前的安全检查 (1)检查幼儿手中是否有小物件,如纽扣、玻璃球等,防止幼儿放入口鼻,发生意外事故 (2)检查幼儿的被子和枕头的拉链是否脱落 2. 睡眠中的安全检查 (1)巡视幼儿是否有不良的睡眠习惯,如蒙头睡、趴睡等,发现后及时纠正

一日生活环节	安 全 要 点
	（2）幼儿午睡期间，每隔15分钟巡视全体幼儿一遍，特别要关注生病的幼儿。不得离开活动室、睡觉，或从事其他活动 （3）发现幼儿有异常现象，如发热、惊厥等症状时，要及时报告保健医生 3. 睡眠后的安全检查 （1）有秩序地组织幼儿起床，检查幼儿衣服、鞋袜是否穿戴整齐 （2）认真填写幼儿午睡值班记录情况表
饮水安全	1. 提前打好水，提开水要用带盖的容器，水温约30℃，放置于幼儿接触不到的地方 2. 每天换一次水，保证饮水卫生，每周消毒一次 3. 指导幼儿有秩序地排队接水、饮水，不拥挤、打闹；教师要时刻在盥洗中守候，维持秩序，并注意幼儿的饮水量，观察是否喝完杯中的水，保证幼儿足量喝水 4. 教育幼儿饮用安全卫生、温度适中的水
盥洗、如厕安全	1. 指导幼儿按顺序盥洗、如厕，不拥挤、玩耍，不乱插队 2. 保持洗手间、卫生间地面干爽、整洁、防滑，以防滑倒 3. 及时清洁消毒厕所、洗手盆，定时消毒毛巾 4. 教育幼儿节约用水，洗手时用小水流洗手，防止溅到别人身上或地面上；洗完后随手关好水龙头
用药安全	1. 多观察幼儿，防止幼儿独自带药到幼儿园中 2. 如果幼儿带药来园，需要请家长亲自将药交到保健教师手里，并与保健教师交代清楚，在服药登记册上填写详细记录并让家长签字 3. 药品应放在幼儿拿不到的固定安全位置 4. 配合教师给幼儿服药，服药前要核对幼儿的姓名、药名、剂量、用法等，并且督促幼儿服药，及时记录服药情况 5. 幼儿服完药后，要将剩余的药物妥善保存好 6. 提醒幼儿服药后如有不适要及时告诉教师 7. 在日常生活中，要加强幼儿安全用药意识的培养，如用一些事例、故事，让幼儿讨论：如何正确吃药

任务二 一日教育活动安全工作

💡 学习目标

1. 了解一日教育活动安全工作的重要性。
2. 掌握一日教育活动安全工作的安全要点。
3. 能够指导幼儿养成一日教育活动的安全意识和自我安全防范的能力。

📖 学习内容

一、一日教育活动安全工作的内容

一日教育活动安全工作主要包括集体教学活动安全、区域活动安全、户外活动安全。

二、一日教育活动安全工作的安全要点

一日教育活动安全工作的安全要点,具体如表 2‐20。

表 2‐20 一日教育活动安全工作

一日教育活动	安 全 要 点
集体教学活动	1. 活动前清点人数,杜绝幼儿走失的安全隐患 2. 投放活动材料摆放位置要合适,既要便于幼儿活动,又要避免因过分拥挤而发生意外 3. 对所要使用的活动材料进行安全检查,如发现有安全隐患,要及时维修或更换 4. 维持活动秩序,随时注意集体教学活动中的安全教育,如需幼儿操作必须讲明操作要领,以免发生意外伤害 5. 指导幼儿正确使用小剪刀:两个手指分别伸进剪刀手柄的圈中,手不能摸刀刃部位;递给别人时,将剪刀合好,手拿剪刀片部位递过去,剪刀用完后轻轻放回盒中
区域活动	1. 区域活动材料的选择要注重安全性,特别是种子、木头、竹子、泥土、石块、稻草、藤条、坚果、筷子等本土资源,应清洗、消毒 2. 区域规划空间合理,避免幼儿拥挤,便于幼儿活动 3. 维持区域活动秩序,随时注意观察幼儿,如需幼儿操作剪刀、画笔等必须掌握操作要领,以免发生意外伤害
户外活动	1. 幼儿户外活动前,应检查器械的安全和活动场地情况,及时清理活动场地的砖头、玻璃碎片、树枝等 2. 组织户外活动时,必须做好准备活动,说明安全要求和注意事项 3. 户外活动时,检查幼儿的衣服鞋帽是否符合活动要求;注意检查幼儿的身上有没有携带危险物品,如小刀片、小珠子等 4. 保证幼儿运动过程的安全,时刻关注幼儿的活动情况,随时清点人数,让每名幼儿都在教师的视线中 5. 组织幼儿上下楼梯时,实习生应视情况站在幼儿的前面、中间或后面,并不断提醒幼儿手扶栏杆、眼睛看着脚下,不要推挤其他幼儿 7. 组织幼儿玩大型器械时,首先要检查大型器械的安全隐患:护栏高度,幼儿是否容易从上面跌落;是否牢靠、松动、摇晃不稳、缺失配件;是否粗糙有尖刺等,发现问题及时上报维修 8. 在活动中教育幼儿礼貌相让,使用正确的玩法,遵守游戏规则,密切配合,安全游戏 9. 告诉幼儿一旦发生事故,第一时间报告教师并大声求救 10. 活动结束后带领幼儿做放松运动

项目五　物品管理

项目介绍

物品管理是幼儿一日生活常规和教育教学活动的基础,同时也是延长物品使用年限的最好方法。实习生应在指导教师的指导下了解班级物品的内容,掌握物品管理的方法及要求,并做好班级物品管理工作。本项目主要介绍物品管理的内容、物品管理的方法以及班级各类物品的管理。

项目导航

物品管理
- 物品管理的内容与方法
- 班级各类物品管理
  - 幼儿生活物品管理
  - 幼儿学习物品管理
  - 教师教学物品管理

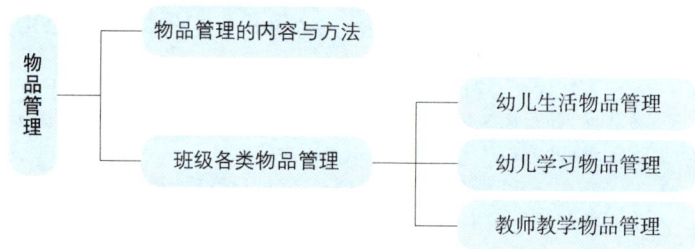

任务一　物品管理的内容与方法

学习目标

1. 了解物品管理的内容。
2. 掌握物品管理的方法。

学习内容

一、物品管理的内容

物品管理是指对幼儿生活物品、幼儿学习物品以及教师教学物品的管理。

(一) 幼儿生活物品

家具和物品:床、被子、褥子、枕头、被套、枕套等;班级共同使用的空调机、直饮机、区角柜、图书架、口杯架、毛巾架、储物柜、衣帽柜、紫外线灯、窗帘等。

餐具和物品:碗、盘、筷子、勺子、提饭桶、饭盆、汤桶等。

用具和物品:口杯、毛巾、消毒柜、保温桶、洗衣盆、拖把、扫把、簸箕、刷子、抹布、消毒用品等。

低值消耗品:手纸、洗衣粉、香皂、洗涤剂、洗厕剂等。

(二)幼儿学习物品

物品类:桌子、椅子、图书、剪刀、游戏材料等。

低值消耗品:彩色水笔、彩铅、蜡笔、胶水、橡皮泥、糨糊、各种纸张等。

(三)教师教学物品

设备类:电视、电脑、钢琴、黑板、录音机、DVD、投影仪、扩音机、各种教具等。

二、物品管理的基本方法

物品管理应有专人负责,每件物品都要登记入册,分类放于适当位置并摆放整齐,做好领用等正常使用记录和保养维修,定期清点不丢失。物品管理的基本方法如下。

一是做好记录。物品管理须建立一个班级物品清单,详细记录班级中的物品情况和增加、减少的情况,作为交接、检查的依据。清单包括物品类别、物品名称、物品数量、型号、责任人和备注等几项内容。

附:××幼儿园班级物品登记表

二是专人负责。班级物品的管理要有专门的负责人。一般幼儿的生活物品由保育员负责,幼儿学习物品和教师教学物品由主班教师负责。分工时,按照民主的原则,尊重个人意愿,在实际工作中共同担负物品管理工作。

三是合理摆放。班级物品摆放的位置和高度要恰到好处,既体现幼儿的主体性,把最大限度的空间留给孩子,又要充分体现美观和安全性。从幼儿的角度摆放物品、设置空间,需要幼儿自己取放的玩具、游戏材料和其他学习用品,要与幼儿的身高相匹配,并且放在幼儿视线之内安全的地方。针对班级中的危险物品(具有腐蚀性、有毒的物品以及易燃易爆物品),应存放在安全固定的位置,严格按说明书的要求保管危险物品;危险物品使用时应登记记录,剩余部分要及时放回储藏室或幼儿不可触及的地方;一次性使用不完的危险物品及其容器应按规定统一回收处理,切不可随意丢弃,更不能随意放在盥洗室,以防幼儿玩耍,引起安全事故。

四是定期清洁和检查。所有物品需要定期清洁,保持物品干净、整洁。定期检查物品的使用期限、存放位置,看物品存放的环境是否有变化;特别是在学期结束时,清查所有物品,该归还的归还,该清洗的清洗,该入库的入库,确保班级物品与园里配备数量一致。

任务二　班级各类物品管理

💡 学习目标

1. 了解班级物品管理的内容。
2. 掌握班级物品管理的基本要求和方法。

📖 学习内容

一、幼儿生活物品管理

1. 幼儿生活物品，如毛巾、口杯等一般不需要班级申请，而是由幼儿园根据班级人数，为各班配置，以保证幼儿正常的生活与学习所需。班级教师登记即可。

2. 将幼儿的各种生活用品统一编制物品号（一般物品号与幼儿学号一致），配发到每位幼儿名下，便于幼儿记忆和使用。

3. 幼儿使用的寝具（被套、床单、枕巾等），可让家长帮助在每件物品上写上名字或编号，以免弄丢、弄错；每次清洗、晾晒，都要仔细核对数量，缺少了要及时发现，及时查找，及时补齐；多出的物品要物归原主；对不上的号码，要及时更换。

4. 利用中午幼儿午休时间，对幼儿衣物进行检查，对衣物开线、掉扣子或破损的地方，及时缝补。

5. 请家长配合，为每位幼儿准备一个衣袋、一个物品袋。幼儿个人物品放置在个人的衣袋或物品袋中，防止丢失。

6. 物品缺少或丢失时，要及时申请领用，根据制度需要赔偿的，在财务处交钱，再领取物品。

二、幼儿学习物品管理

1. 幼儿个人携带的学习用品，如图书等物品，应该做好标记，写上名字，放置在固定的位置上，并摆放整齐。

2. 班级配发的玩具要进行登记，数量、品种清楚，摆放整齐，便于幼儿经常使用，并对玩具进行定期清理、消毒。

3. 班级内的图书，要分类登记图书名称、数量、单价等；要为图书编号，摆放在书架上，便于幼儿取用；指导幼儿整理、保护、爱惜图书；定期用紫外线灯对图书消毒。

三、教师教学物品管理

1. 教师经常要使用的教具，应按主题活动内容编号，放在班级储物柜中的固定位置，便于教师教学使用。

2. 班级储物柜应该分类编号，柜外编号，柜内编号，教学物品与生活物品分开存放，便于管理。

3. 电脑、投影仪、录音机、电视机、钢琴等电教办公器材要定期检查，及时维修维护，做到固定牢固，运行安全可靠。

附：××幼儿园物品管理制度

××幼儿园
物品管理
制度

项目六 幼儿园保育实习计划、总结与考评

项目介绍

幼儿园保育实习是学生在学校和幼儿园指导教师的指导下,在幼儿园承担或部分承担保育员工作,体会保育员职责的教育实践活动。幼儿园保育实习对学前教育专业学生具有重要意义。本项目主要从幼儿园保育实习计划、保育总结与保育考评三个方面进行阐述,引导学生了解保育实习的目的、任务、内容与要求,能实施保育实习,并进行总结;丰富感性认识,逐渐形成良好的工作态度、责任感、事业心及良好的道德修养,为今后的学习和工作奠定基础。

项目导航

任务一 幼儿园保育实习计划

学习目标

1. 明确保育实习工作的目的、任务、内容。

2. 能制订幼儿园保育实习计划,并按要求执行。

学习内容

幼儿园保育实习计划主要包括保育的实习目的、实习任务、实习内容等方面。

一、幼儿园保育实习的目的

1. 了解幼儿园保育工作的目标和工作特点。
2. 了解幼儿的年龄特点与发展水平,喜欢幼儿。
3. 掌握幼儿园保育工作的流程、内容与方法,积累丰富的保育经验。
4. 能将幼儿卫生保健知识等运用到保育工作中,丰富感性认识,逐渐形成良好的工作态度、责任感及道德修养,为今后的学习和工作奠定基础。

二、幼儿园保育实习的任务

1. 了解幼儿园一日活动中各环节的内容和保育员的主要岗位职责、要求,并在教师的指导下,有步骤地进行规范实践,获得保育工作的基本技能。
2. 完成《幼儿园保育实习手册》的相关内容,在保育工作中初步体会和理解幼儿园教师工作的辛苦与幸福。

三、幼儿园保育实习的内容

1. 了解幼儿园一日活动中各环节的内容和保育员的主要岗位职责。
2. 了解幼儿一日生活作息制度及常规要求。
3. 实习一日生活活动中的保育工作,如来园、进餐、饮水、睡眠、盥洗、如厕、离园等。
4. 了解幼儿园各类教育活动的组织与指导,实习配班工作,并进行记录分析。
5. 了解幼儿园的消毒制度、卫生制度、隔离制度等,能按要求对幼儿园的相关场地及物品进行卫生和消毒。
6. 学习保育工作中如何培养幼儿良好的生活卫生习惯。

任务二　幼儿园保育实习总结

学习目标

1. 了解幼儿园保育实习总结的重要性。
2. 能对幼儿园保育实习进行全面系统的总结。

学习内容

幼儿园保育实习总结是对保育实习情况进行一次全面系统的梳理和分析,目的是看到成绩,发现不足并总结经验。保育实习总结的内容主要如下。

一、实习基本情况概述

实习基本情况概述主要是对实习的主客观条件、有利和不利因素,以及实习园所的环境和基础等方面进行分析。

二、主要收获与存在问题分析

主要收获与存在问题分析是总结的目的与中心,肯定收获(收获有哪些,是如何取得的),找出问题(问题有哪些,表现有哪些方面,是怎样产生的)。

三、经验和教训

对保育实习工作的经验和教训进行概括、分析并上升到理论的高度来认识。

四、今后的打算

要学会根据今后的学习任务和要求,吸取实习工作的经验和教训,明确努力方向,提出改进措施等。

任务三 幼儿园保育实习考评

学习目标

1. 了解幼儿园保育实习考评指标。
2. 能根据考核指标严格执行。

学习内容

一、保育实习师德考评

保育实习师德评价包括实习态度、组织纪律、仪容仪表、语言规范、团结互助、尊敬教师、热爱幼儿、尊敬家长、爱护公物等方面,具体评价标准见表2-21。

表2-21 保育实习师德评价标准

一级指标	二级指标	评 价 标 准
职业道德与行为规范	实习态度	有为幼儿教育事业积极奉献的意识,能提前做好实习前的各项准备工作,全身心地投入实习活动
	组织纪律	严格履行幼儿园规章制度和时间安排,不做一切有碍于学习工作的活动
	仪容仪表	注意仪表,服装整洁,有师表意识,举止端庄
	语言规范	讲普通话,语言文明规范

一级指标	二级指标	评 价 标 准
职业道德与行为规范	团结互助	服从安排,团结协作,用鼓励性的语言与他人沟通
	尊重教师	服从管理,虚心接受检查,不品评幼儿园的领导和教师
	热爱幼儿	热爱幼儿,注意幼儿安全;树立正确的教育观、儿童观,尊重幼儿;能帮助幼儿建立自信心
	尊重家长	热情接待家长,经常沟通;协助原班教师办好家园联系栏,采用多种方式做好家长工作
	爱护公物	爱护书籍、教具等;妥善保管、按期归还,如有损坏,应负责赔偿

二、保育工作实习评价

保育工作实习评价包括幼儿园生活管理工作、幼儿园卫生管理工作、幼儿园配班工作、幼儿园安全工作、幼儿园物品管理等方面,具体评价标准见表 2－22。

表 2－22　幼儿园保育工作实习评价标准

一级指标	二级指标	三级指标	评 价 标 准
幼儿园保育工作实习	生活管理工作	入园	做好入园前的准备工作,配合教师做好接待工作,指导并帮助幼儿穿脱及放置衣服、鞋、帽、书包等物品
		进餐	做好餐前的准备工作,协助教师分发餐具;指导幼儿独立、安静用餐,培养幼儿良好的用餐习惯;做好餐后的整理工作
		如厕	做好如厕前的准备工作、如厕中的指导工作以及如厕后的扫尾工作;培养幼儿如厕的意识和习惯以及独立如厕的自理能力
		盥洗	做好盥洗前的准备工作;盥洗时给予幼儿以适当的指导和帮助;提醒幼儿注意安全
		睡眠	为幼儿创设安静、舒适的睡眠环境;指导幼儿正确地穿脱衣服;随时巡查幼儿睡眠
		饮水	做好饮水前的准备工作,并组织不同年龄段的幼儿饮水;培养幼儿良好的饮水习惯
		离园	指导和帮助幼儿整理好个人物品;亲手把幼儿交给家长;做好幼儿离园后的检查工作
		健康观察	有效观察幼儿的健康状况;并根据观察的异常现象,分析原因并进行有效调节
	卫生管理工作	清洁工作	按照保育工作规范要求完成幼儿园活动室、盥洗室、睡眠室以及其他环境的清洁
		消毒工作	按照保育工作规范要求完成幼儿园环境与物品的消毒
		隔离工作	做好幼儿疾病预防工作

一级指标	二级指标	三级指标	评 价 标 准
	配班工作	室内集体教学活动配合	做好室内集体教学活动前的准备工作、活动中的配合工作以及活动后的整理工作
		室内区域活动配合	活动前能配合教师做好区域规划并准备各区域活动所需材料；活动中能有针对性地给予幼儿帮助和指导；活动后能完成整理工作
		户外体育活动配合	做好活动前的准备工作；对特殊幼儿进行个别照顾；防止发生意外事故；做好安全防护工作；做好活动后的整理工作
	安全工作	一日生活安全工作	指导幼儿养成一日生活的安全意识和自我安全防范的能力
		一日教育活动安全	指导幼儿养成一日教育活动的安全意识和自我安全防范的能力
	物品管理	班级各类物品管理	按照班级管理的基本要求和方法管理班级各类物品

03

模块三　幼儿园教育实习

项目一　幼儿园教育活动计划的制订

项目介绍

　　幼儿园各类工作和活动是有计划、有准备的。实习生可以在指导老师的指导下,尝试设计学期工作计划,并依据学期工作计划,制订月工作计划、周工作计划、日(半日)活动计划以及一日活动中所涉及的具体的游戏或教学活动计划。本项目主要介绍学期工作计划,月工作计划、周工作计划、一日活动计划的制订,教育活动计划的设计。

项目导航

```
                          ┌── 学期工作计划的制订
                          │
                          ├── 月工作计划的制订
                          │
                          ├── 周工作计划的制订
                          │                        ┌── 幼儿园一日活动日程表的制订
幼儿园教育活动 ────────────┼── 幼儿园一日活动计划的制订 ┤
   计划的制订             │                        └── 幼儿园一日活动计划的制订
                          │
                          │                        ┌── 活动名称的设计
                          │                        │
                          │                        ├── 活动目标的设计
                          │                        │
                          └── 教育活动方案的设计 ───┼── 活动准备的设计
                                                    │
                                                    ├── 活动过程的设计
                                                    │
                                                    └── 活动延伸的设计
```

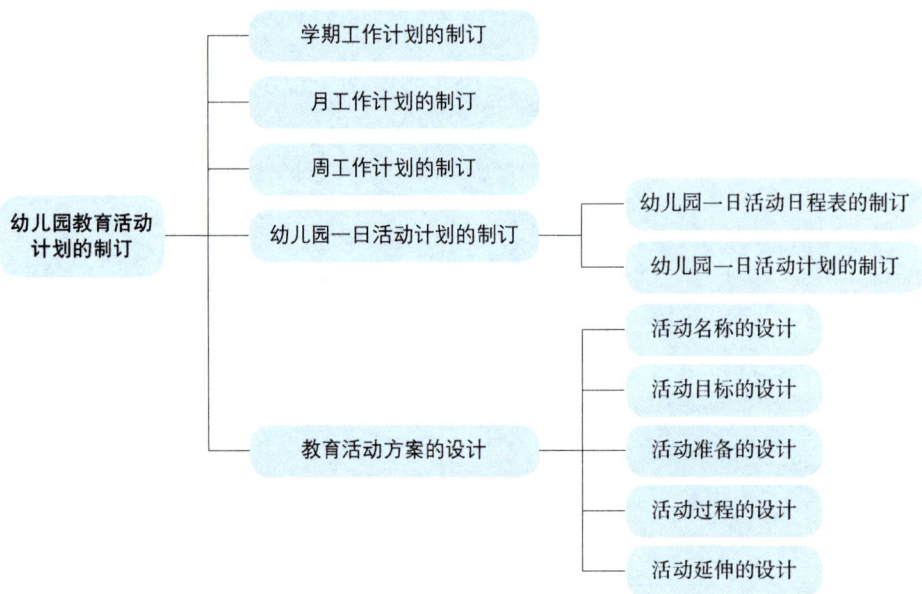

任务一　学期工作计划的制订

学习目标

1. 了解学期工作计划的基本结构和主要内容。
2. 尝试制订学期工作计划。

学习内容

根据时段来分,幼儿园教育、教学工作计划主要包括学期工作计划、周工作计划、一日工作计划以及一日活动中所涉及的具体的游戏或教学活动计划。

学期工作计划一般由幼儿园教师制订,顶岗实习生可以在指导老师的指导下,参与制订学期工作计划。学期工作计划涉及的范围较广,包括班级幼儿情况分析、工作目标、教育教学的主要内容与措施三个部分。各部分所包含的主要内容如下。

一、班级幼儿情况分析

主要包括幼儿基本情况,如人数、男女比例、家庭背景、幼儿发展等;上学期工作中取得的成绩和存在的突出问题,即从幼儿的生活自理、行为习惯、交往能力、智力发展等方面进行简明扼要的阐述;个别教育进行简单的分析与评价。

二、本学期工作目标

主要从保育工作、教育教学、家长工作,教研和学期重大活动安排等方面简要表述,将本学期工作重点写出来。其中,教育教学工作包括生活习惯、思想品德、教学内容、游戏活动、环境创设等方面。教学内容要具体写明主要选用哪些主题,或者结合实习园特点,在教学内容上重点要突破的方面。使用领域课程的,可附具体的教学进度安排表。

三、具体要求和措施

把学期工作目标细化为具体的任务,对完成的每一个任务提出具体的要求和措施,以便有目的、有针对性地实施(见学期工作计划表3-1)。

表3-1　××幼儿园大二班学期工作计划

班级幼儿情况简析		本学期大二班幼儿35人,其中男生17人,女生18人,其中插班生2人。经过幼儿园两年半的生活与学习,本班幼儿在生活自理能力、学习习惯养成方面有了较大进步,特别是在体能、语言表达、社会交往、思维能力方面表现较为突出。但仍存在一些不足,如在日常生活常规方面,幼儿虽有常规意识,但在洗手、进餐、午睡等细节方面还需加强自觉性的培养。在区域活动方面,幼儿在表演区和角色区缺乏自主性的发挥,团队合作的意识有待加强。在集体教学活动中,绝大多数幼儿缺乏坚持性和自制力,学习常规有待进一步养成
本学期工作目标	保育方面	重视安全工作,不断增强幼儿安全意识,提高自我保护能力。保教结合培养幼儿良好的礼仪礼貌、饮食、卫生习惯,提高自我服务能力
	教育教学方面	贯彻《指南》精神,坚持生活化与游戏化相结合,开展主题性学习活动。根据大班幼儿的年龄特点和发展目标,将区域活动、游戏活动、生活活动与主题内容相结合,通过幼儿的游戏、探究、实践等活动方式,体验到学习的快乐,培养幼儿良好的学习品质
	日常教育方面	指导幼儿遵守一日生活环节中的常规,将主题内容渗透在生活的点滴里,引导幼儿掌握自我服务、自我保护等重要的生活技能,培养交往能力,全面做好入学准备

	家长工作方面	根据主题活动设计与幼儿园内的学习活动密切联系的家园共育活动,给家长提出利用家庭和社区资源配合幼儿园开展教育活动的具体建议,指导幼儿家长提高保教能力
	园本教研与实践	规范教学行为,加强幼小衔接方面的教学研究,做好入学准备,促进幼儿顺利从幼儿园向小学生活过渡
具体措施	生活管理	1. 针对日常生活常规方面的不足,开展"能干小达人"活动,在洗手、进餐、午睡等方面培养幼儿的自觉性 2. 开展整理书包、系(解)裤带与鞋带、衣服穿整齐、扎头发、快乐的课间10分钟、我是守时的人、运动后照顾好自己等生活活动,提高幼儿自我服务意识和自我服务能力 3. 鼓励幼儿积极参加运动,根据大班幼儿的年龄特点和发展需要,设计各种体育游戏和有趣的户外活动,保证幼儿的户外活动时间和活动量,增强幼儿的身体素质 4. 保教配合,共同做好保育工作,严抓日常卫生消毒工作,注意季节变化,预防各种传染疾病的发生,做好个别特殊幼儿的照顾工作,保证幼儿健康成长,做到安全第一
	教育教学	1. 开展丰富多彩的主题活动,本学期将根据大班课程规划开展"我们爱阅读""海底世界""智慧小达人""我是小小设计师""我要上小学啦"主题活动,遵循动静交替和由浅入深的原则,设计各种集体教学活动和与之相配合的游戏活动,并将区域、游戏、环境创设与主题有效整合,寓教于乐,使幼儿全面健康发展 2. 发挥环境育人的功能,让环境与幼儿互动,如将幼儿的作品陈列在展示区,供幼儿相互学习、欣赏,体验成就感,增强自信。创设丰富的游戏环境,提供材料和道具,满足幼儿游戏的需要,在游戏中渗透主题内容,丰富幼儿的语言和生活经验 3. 根据幼儿能力发展的需要,配合主题设计相辅相成的区域内容,及时提供适合幼儿兴趣和发展的操作材料和内容 4. 培养幼儿安静耐心听讲、良好的坐姿和书写习惯,激发幼儿的学习兴趣,养成良好的学习习惯
	日常教育	1. "能干小达人"评比:3月份评比"衣服穿整齐"、4月份评比"扎头发""系鞋带"、5月份评比"整理书包"、6月份评比"我会写字" 2. 鼓励幼儿每天轮流当小组长,乐于为大家做事情,培养为集体服务的意识和责任感 3. 鼓励幼儿将自己喜欢的图书带到幼儿园与小朋友分享,引导幼儿开展"好书推荐""阅读分享会"活动,培养幼儿阅读的兴趣 4. 每月月底给当月过生日的幼儿过集体生日,鼓励幼儿向小寿星说祝福的话 5. 结合传统节日,开展相应活动。如"三八"节制作礼物感谢妈妈的爱;"五一"节组织幼儿参加力所能及的劳动(如给小树苗浇水),热爱劳动及劳动人民;"六一"节的绘画展或庆祝活动,感受节日的快乐
	家长工作	1. 向家长介绍班级工作计划,取得家长对班级工作的理解和支持,为更好地实施幼小衔接打下基础 2. 要求家长配合幼儿园,让幼儿养成良好的学习习惯、生活习惯,为入小学打好基础 3. 定期填写好幼儿在园情况,通过多种形式与家长联系,如家访、微信、QQ及幼儿园公众号等,主动及时地与家长沟通,交流幼儿在园内、园外的各种表现,做到家园教育同步

续 表

		4. 坚持每月更换"家长园地",向家长提供幼儿生活、教育方面的指导,并鼓励家长参与班级教学 5. 鼓励家长积极参加各种班级活动:"三八"节爱妈妈活动、与主题相关的亲子活动等
	园本教研与实践	做好教育活动评价记录、区域活动分析记录、游戏指导与观察记录、户外活动分析记录、教育反思等,分析幼儿的学习、生活、游戏情况,把握主题实施的主线,对课程目标和内容进行删减和添加
重要工作安排	三月份	1. 开学典礼启动"国旗下的讲话"活动,鼓励幼儿当小主持人 2. 组织"三八"节主题活动
	四月份	1. 亲子活动:海里世界展览会 2. 向家长开放半日活动
	五月份	1. 积极参与班级"六一"活动的准备工作及排练 2. 亲子书写和阅读 3. 向家长开放半日活动
	六月份	1. "班级阅读分享会" 2. 幼儿积极配合老师准备毕业典礼 3. "能干小达人"评比工作
	七月份	1. 家长开放日活动 2. 毕业典礼,邀请家长参加毕业典礼或录制视频与家长共享
注:本学期工作计划在具体实施过程中,如有特殊情况将作适当修改		

(资料来源:湖南省衡阳市实验幼儿园 王晨艳)

任务二 月工作计划的制订

学习目标

1. 了解月工作计划的基本结构和主要内容。
2. 能制订月工作计划。

学习内容

月工作计划是以学期工作计划为依据,将学期工作计划中的目标和内容具体化后,由班级教师以月为单位共同拟定的活动实施方案。可将本月教育目标与重点、主题活动及实施计划、游戏活动及区角材料的投放、家园合作工作及幼儿发展要求等,明确地写在安排表中(见月工作计划表3-2)。

表 3-2　××幼儿园大二班 4 月工作计划

本月教育目标与重点	1. 加强对幼儿的常规教育 2. 开展"海底世界"的主题活动,幼儿能用各种方式表现自己对海底世界的认识,产生热爱大自然的情感和保护生态的意识 3. 请家长配合,通过带幼儿参观水族馆或收集资料,知道海底有各种各样的海洋生物,对探索海底世界感兴趣 4. 引导幼儿参加晨间锻炼,加强安全教育,能自觉遵守活动规则
主题活动及实施计划	1. 通过参观或收集活动,帮助幼儿知道海底有各种各样的海洋生物,了解海洋生物保护自己的方式,对探索海底世界感兴趣 2. 通过对海底动物的观察,幼儿能进行仿生联想,大胆表达海底世界的各种奇观 3. 帮助幼儿大胆运用画、折、剪、贴等技能,发挥想象对海底世界进行个性化的审美表达与创造。布置主题墙饰,把幼儿的美术作品布置在墙饰里,或陈列在美术区 4. 幼儿在欣赏音乐的基础上,能创编表演各种海底生物的动作,并能大胆地随着音乐协调律动 5. 幼儿能用各种方式表现自己对海底世界的认识,产生热爱大自然的情感和保护生态的意识
区角活动及材料的投放	阅读区:提供有关海底世界内容的书籍和图片 建构区:提供材料,让幼儿搭建海底世界 美工区:通过绘画、折纸、拼摆、涂色等方式表现各种各样的鱼,做海洋生物的模型;用废旧物品制作海洋生物,丰富海底世界;制作海底世界展示会请束、海报
家园合作工作	1. 家长和幼儿一起收集海洋生物的资料,看有关图书、视频 2. 带幼儿参观农贸市场的海产品,品尝海鲜 3. 引导幼儿用各种物品做海洋生物的模型 4. 介绍展示会的常识,家长可以带幼儿参加一些服装、家电或食品等的展示会,引导幼儿体验相关服务内容

	领域	活动名称	活动目标
各领域活动计划	健康	旅行中的安全(安全教育)	1. 乐意参与活动,并能从模拟练习中体验到独立解决问题后的成就感 2. 尝试解决旅行中可能出现的突发问题 3. 了解旅游途中乘坐交通工具以及在各种场合应注意的安全问题
		旅行去看海(体育活动)	1. 乐意参与体育锻炼,有不怕困难、勇于向前的品质 2. 自主探索不同线路适宜的动作,并能与同伴相互合作完成旅行 3. 能根据旅游路线图的提示进行游戏
	语言	我知道的海底世界(谈话活动)	1. 大胆提出有关海底世界的问题,能用清楚、连贯的语言围绕"我知道的海底世界"进行谈话 2. 学习用轮流、修补的方式进行自由、有序的交谈 3. 认真倾听同伴发言,能大胆、自信地进行表达,体验与同伴交谈的快乐
		小黄鱼历险记(文学作品学习)	1. 专注地倾听故事,能根据故事情节的发展合理创编故事,并能清楚地讲述 2. 能大胆想象,将海洋生物自我保护方式迁移到故事中来,乐意与同伴一起表演故事

续 表

领域	活动名称	活动目标
科学	奇妙的海底世界（科学综合）	1. 知道海底有各种各样的海洋生物，初步掌握常见海底动物、植物的特征及生活习性 2. 能用连贯、完整的语言大胆讲述自己获得的信息，乐于分享自己的经验 3. 能在游戏活动中对海洋生物进行分类，体验参与活动的乐趣
	游动的鱼（数学）	1. 在操作探索中，感知数的分合的有序性，学会按顺序将一个数分成两个部分数，并将这两个部分数合为原来的数 2. 懂得一个数和它分出的两个数之间的关系，理解分成的两个数之间的互换、互补关系，并掌握 10 以内各数的全部组成形式 3. 愿意大胆地表达自己的推理，积极参与分合操作活动
艺术	各种各样的海洋鱼（美术综合）	1. 在欣赏海洋生物的基础上，了解常见海洋鱼的名称及外形特征 2. 能综合运用画、剪、撕、贴等方式制作自己喜欢的海洋鱼 3. 在活动中体验自主制作的乐趣，享受个人作品与他人作品组合成大型成果的快乐
	快乐的海底世界（音乐综合）	1. 了解常见海洋动物的运动方式 2. 能根据自己的理解创编表演各种海底生物的动作，并能跟着音乐进行协调律动 3. 喜欢音乐游戏，体验动作创编与表现的快乐
社会	我是小导游	1. 体验当小导游的成就感，萌发热爱大海的美好情感 2. 能用连贯的语言向同伴介绍海洋生物及景点 3. 丰富对导游这一职业的认识，学做小导游
	图书跳蚤市场	1. 通过图书"跳蚤市场"活动，感受图书分享和买卖的快乐 2. 调动自身社会经验，灵活运用买卖策略 3. 尝试与人分享图书，与人交往沟通，买卖图书，形成初步的、合理的消费观念
综合	海底世界展览会	1. 了解海产品的多样性，知道要爱护动物、保护环境 2. 能根据展览要求将各种海产品进行分类，积极参与布置海产品展览 3. 大胆与人交流，体验当"介绍人"的成功感

（资料来源：湖南省衡阳市学前教育中心 程健）

任务三 周工作计划的制订

💡 学习目标

1. 了解周工作计划的基本结构和主要内容。
2. 能制订周工作计划。

📖 **学习内容**

周工作计划是班级教育教学活动以周为单位的实施方案,是学期工作计划、月工作计划的具体化。周工作计划包括一周的教育目标、晨间活动、集体教学活动、户外活动、游戏活动、卫生习惯、家长工作等,计划中要包含每日活动中的全部教育教学内容,对每项活动内容、形式、时间等安排要具体明确。(见周教育教学活动计划表 3-3)

表 3-3 ××幼儿园大二班第八周教育教学活动计划

时间:2022 年 4 月 11 日至 2022 年 4 月 15 日　　　　　　　　　　主题名称:海底世界

教育工作重点	1. 主题活动:能用各种方式表现自己对海底世界的认识,产生热爱大自然的情感和保护生态的意识 2. 常规培养:运动后坚持用正确的方法更换衣服、如厕、洗手、喝水等;每次用完书包后、离园前整理书包 3. 自我服务:学习系鞋带、裙带 4. 安全教育:了解旅游途中乘坐交通工具以及在各类公共场合应注意的安全问题				
主题环境创设	1. 创设"海底世界"主题墙 2. 幼儿美术作品展示 3. 创设五个活动区:语言区、建构区、美工区、角色区、科学区				
项目	星期				
	星期一	星期二	星期三	星期四	星期五
集体教学活动	语言:小黄鱼历险记	科学:奇妙的海底世界	社会:我是小导游	艺术:快乐的海底世界	健康:旅行去看海
游戏活动	智力游戏:小鱼捉迷藏	体育游戏:快乐的小螃蟹	音乐游戏:美食总动员	体育游戏:玩转线圈	智力游戏:动物乐园
区域活动	1. 语言区:阅读区投放有关海底世界内容的书籍和图片 2. 建构区:投放海底世界设计图和各类建构材料:积木、积塑、易拉罐、纸盒、PVC 管、海绵纸等,建构海底世界 3. 美工区:通过绘画、折纸、拼摆、涂色等方式表现各种各样的鱼,做海洋生物的模型;用废旧物品制作海洋生物丰富建构区的海底世界;制作海底世界展示会请柬、海报 4. 角色区:投放小导游小红旗、胸卡、海洋生物及景点图片 5. 科学区:投放各种各样的海产品,购买海产品,编应用题并进行计算;投放格子图棋谱,彩色饮料瓶盖、硬纸板做的骰子若干				
生活活动	重点引导幼儿像小学生一样整理书包,系鞋带、裙带				
家园共育	1. 家长带幼儿参观水族馆,并拍照和摄制视频 2. 家长带幼儿逛海产品店,品尝海鲜,鼓励幼儿说出自己的发现 3. 亲子活动:收集各种海产品资料,制作展板				

(资料来源:湖南省衡阳市实验幼儿园　王晨艳)

任务四　幼儿园一日活动计划的制订

💡 学习目标

1. 了解一日活动计划制订主要内容。
2. 能制订幼儿园一日活动日程表、幼儿园一日活动计划。

📖 学习内容

幼儿一日活动计划是以一日为时间单位,将周计划细化安排到一日的活动而拟定的书面计划。它具有程序性、重复性、连续性、节律性等特点,教师应根据周计划和幼儿园的生活制度,将幼儿一日活动各环节内容安排到各个时间段内,确定具体活动内容。

实例:××幼儿园一日活动日程表

实例　　　　××幼儿园大二班一日活动计划

上午活动安排

一、入园、晨间锻炼(7:20~7:50)

1. 幼儿主动向老师问好,跟家长道别,跟同伴打招呼。
2. 幼儿按卫生保健要求做好晨检工作。
3. 提醒幼儿执行入园流程,指导幼儿进行入园签到。
4. 幼儿自选材料或利用教师提供的材料,积极参与晨间活动。

二、早餐环节(7:50~8:20)

1. 餐前:组织幼儿洗手、搬椅子、取筷子或勺子,坐到餐桌旁,等待教师分发或自取早餐。
2. 进餐时:提醒幼儿安静进餐,正确使用餐具,干稀搭配吃,做到不挑食,需要添加食物向教师举手示意,在规定时间内吃完自己的食物。
3. 进餐后:提醒幼儿用正确的方法漱口、擦嘴、整理桌面、收拾餐具。

三、区域活动(8:20~8:50)

1. 阅读区:投放有关海底世界内容的书籍和图片。
2. 建构区:建构海底世界。
3. 美工区:通过绘画、折纸、拼摆、涂色等方式表现各种各样的鱼,做海洋生物的模型;用废旧物品制作海洋生物。
4. 角色区:我是小导游。
5. 科学区:逛海产品店,购买海产品。

观察与指导:

1. 教师善于观察,发现幼儿的学习兴趣和需要,并提供科学适宜的支持。
2. 活动结束时,组织幼儿回想和思考在区域中的活动及活动中的学习和发现,提升经验,建构认知。

四、教学活动(8:50~10:20)

教学活动（一）

活动名称:快乐的海底世界(音乐)

活动目标

1. 了解常见海洋动物的运动方式。

2. 能根据自己的理解创编表演各种海底生物的动作,并能跟着音乐进行协调律动。

3. 喜欢音乐游戏,体验动作创编与表现的快乐。

活动准备

1. 音乐:《水族馆》《小鱼和水草》。

2. 小鱼、水草头饰若干。

活动过程

1. 欣赏音乐《水族馆》,并讨论、表演。

(1) 师幼共同欣赏《水族馆》。

(2) 教师引导幼儿用动作表现相关情景:你听到了什么? 你看到的大海是什么样子的? 你能用身体动作来表现吗?

(3) 师:大海一望无际,如果几个小朋友合作表演,我想肯定会更精彩,你们愿意来试一试吗?

2. 随乐律动,结合自己的理解用动作表现海洋动物的运动方式。

(1) 教师:海洋里的动物最活跃、最自由,动动你的身体来模仿它们,让我猜猜你模仿的是什么动物? 可以一个人模仿,也可以与好朋友合作试试看。

(2) 幼儿自由模仿海洋动物,或者与好朋友合作讨论模仿动物(如螃蟹、鱼、虾、乌龟、章鱼等)。

3. 动作展示。

(1) 分别请2~3名幼儿随着音乐展示模仿动作,请其他幼儿猜猜模仿的是什么动物。

(2) 集体大造型:幼儿以小组为单位,把看到的海洋动物来一个大组合,并跟着音乐表演相应动作。

4. 音乐游戏:小鱼和水草

玩法:幼儿戴上小鱼或水草的头饰,听音乐《小鱼和水草》,模仿小鱼在水草中自由自在畅游和相互嬉戏的情景。

活动延伸

欣赏动画片:《海的女儿》。

教学活动（二）

游戏名称:玩转线圈

视频
玩转线圈

游戏目标

1. 尝试线圈的多种玩法,练习在线圈上平衡走、绕障碍曲线跑、躲闪跑的技能,提高身体的协调性和灵活性。

2. 积极参与玩线圈的游戏,遵守游戏规则,体验与同伴合作游戏的快乐。

游戏准备

1. 经验准备:玩过"赶小猪""老狼老狼几点了"的游戏,玩过滚轮胎。

2. 材料准备:自制线圈若干、塑料小杆,音乐《唱唱跳跳健康操》《冰激凌》。

3. 场地准备:宽敞、安全的户外游戏场地。

游戏过程

1. 热身活动。

(1)教师带领幼儿慢跑进入活动场地,幼儿听口令列队站好。

(2)播放音乐《唱唱跳跳健康操》,师幼随音乐做律动,分别活动脚腕、手腕、膝盖、前后压腿、左右压腿。

2. 幼儿尝试单个线圈的玩法。

(1)出示自制线圈。

师:今天我们一起和线圈玩游戏,请每位小朋友拿一个线圈,试一试它可以怎么玩,看看谁想的玩法多。

(2)幼儿自取线圈、塑料小杆,自由玩耍,鼓励幼儿探索不同玩法。教师巡视,发现新的玩法及时肯定。

(3)展示个别幼儿自创的玩法,分享与交流。

第一种——手推线圈:将线圈平放在起点,幼儿双手放置线圈中间,跟随线圈的滚动往前推至终点。锻炼幼儿手脚协调能力,注意控制推的力量。

第二种——前推线圈:将线圈平放在起点,幼儿蹲在线圈后方,用力将线圈往前推出,人在起点不动,观察线圈的距离。锻炼幼儿手臂力量。

第三种——赶线圈:类似"赶小猪"的玩法,幼儿将线圈平放,利用塑料小杆赶动线圈,注意控制行进速度和方向。锻炼幼儿手掌关节灵活性和手眼协调能力。

3. 幼儿与同伴合作,探索组合玩线圈的方法。

(1)师:刚才小朋友自己玩线圈时,尝试了很多方法。现在请你们一起合作玩线圈,想一想,可以怎么玩呢?

(2)将幼儿分成三组,幼儿自主讨论,探索不同玩法,教师巡视并给予相应指导。

(3)各小组展示玩法,分享与交流。

第一组:过小桥比赛

准备:将线圈排成两条直线做小桥。

玩法:幼儿分两队分别站在两座小桥起点处,听到出发的口令后,第一个幼儿走上小桥,直到走完小桥再跑回,拍下一个幼儿的手。第二个小朋友出发,依次进行,速度最快的队伍获胜。

规则:过小桥时将双手张开保持平衡,眼睛看着小桥,脚踏实踩稳。如果中途从桥上掉下来,要回到起点重新开始。

第二组:小蛇绕桩

准备:两个线圈一组叠高摆放作障碍物,每组之间相隔1~1.5米的距离。

玩法:幼儿排成一队站在起跑线后面,听到口令后,一个接一个呈"S"型绕过障碍物,再直线跑回终点。

规则:不能撞到障碍物,小蛇身体不可断裂,要一个跟着一个。绕障碍和往回跑的小朋友要保持一定的距离,以免碰撞。

第三组:老狼老狼几点了

准备:幼儿用线圈合作搭建城堡。

玩法:① 请一名幼儿扮演老狼,其他幼儿扮演小羊,玩"老狼老狼几点了"的游戏。当听到老狼回答说"天黑了"的时候,小羊赶紧往回跑,躲进城堡里,被抓住的小羊当下一轮游戏的"老狼"。

② 第一轮游戏中如果老狼没抓到小羊,老狼就到城堡外敲门,故意提问让小羊回答,如果小羊发出声音,回答了老狼的问题,那他就当下一轮的老狼。游戏继续进行。

规则:小羊躲进城堡中不撞倒城堡,不发出声音,不回答老狼的问题,否则算违规。

(4) 各小组交换游戏玩法,并鼓励创新新的玩法。

4. 小结。

师:今天,小朋友尝试了线圈的多种玩法,有一个人玩的"滚线圈""赶小猪",也有和同伴一起合作玩的"小蛇绕桩""老狼老狼几点了",这些是我们以前玩过的游戏,但是小朋友在原来的基础上大胆创新了玩法。

5. 放松、整理活动。

(1) 播放音乐《冰激凌》,做"冰激凌融化"放松运动。双手举高做一个"冰激凌",从上到下融化,跟着音乐抖动全身进行放松。

(2) 幼儿收拾线圈等器材,送回原处。

游戏建议

1. "玩转线圈"的重点是在游戏过程中练习走、平衡、绕障碍跑、躲闪跑的动作,难点是自主探索线圈的多种玩法,并设计不同的小游戏。

2. 活动后把线圈放到班级建构区和体育区,让幼儿在开展区域活动时玩建构游戏和继续探索新的玩法。

3. 请家长带幼儿在家练习绕道跑,玩躲闪跑的游戏。

五、户外自主游戏(10:20~11:10)

材料提供:各种形状的碳化积木、大小不同轮胎、滚筒

重点观察与指导:

1. 观察幼儿是否能自行选择游戏材料,是否能合作游戏、创新游戏玩法。

2. 活动后组织幼儿收拾整理户外运动器械,鼓励幼儿尝试与同伴合作收拾较重的器械。

六、中餐、自由活动(11:20~12:20)

1. 餐前:幼儿安静坐到餐桌旁,自主排队取食物或等待值日生分发食物。

2. 进餐时:(1)提醒幼儿安静进餐,坐姿正确,熟练正确使用筷子等餐具。(2)需要添加食物时,向教师举手示意或自主添加。(3)细嚼慢咽,不挑食,不浪费,能在规定的时间内吃完自己的食物。

进餐后:(1)主动收拾残渣,将餐具分类放到指定的地方。(2)用正确的方法擦嘴。(3)提醒幼儿用正确的方法漱口、擦嘴、整理桌面、收拾餐具。

自由活动:(1)幼儿饭后散步,专注地参与散步时的观察、讨论、游戏等活动。(2)教师适时进行安全教育,提醒幼儿做好午睡前的准备。

下午活动安排

一、午睡(12:20～14:35)

1. 睡前:教师做好午检,提醒幼儿做好午睡准备,进入寝室后保持安静,或轻声说话,并注意安全。

2. 午睡时:(1)提醒幼儿脱好衣服后把衣服放到固定的地方,上床后盖好被子,闭上眼睛保持安静,不做小动作,慢慢入睡,不影响别人。(2)保持正确的睡姿,将身体稍微向右侧,尽量不趴着睡觉,不蒙被睡觉。(3)教师不断巡视,观察幼儿的入睡情况以及睡姿,及时发现幼儿身体不适情况并正确处理。

二、生活活动(起床整理、盥洗、午点)(14:35～15:25)

1. 起床时:(1)幼儿起床时保持安静,不站在床上穿衣服,不在床上走动。(2)用正确的方法和顺序穿衣服、鞋子。(3)当有困难时求助同伴或老师。

2. 起床后:(1)如厕,整理好衣物、裤子。(2)在教师指导下整理床单、叠被子。(3)洗手,做好吃午点准备。(4)女孩找到自己的梳子、皮筋、发卡,等待教师梳头。

3. 午点:(1)幼儿听教师或同伴介绍午点,自主选择和取用午点。(2)自主打开包装或剥开果皮食用,注意保持桌面干净,果皮等放入残渣盘,喝牛奶或甜汤时不洒到桌子上。(3)午点后收拾整理桌面,漱口、洗手、擦手并搬椅子放到固定地方,准备参加下一个活动。

三、室内自主游戏(15:25～15:50)

游戏(一):翻翻乐

游戏目标

1. 能比较10以内数的大小。

2. 发展同伴合作能力,养成遵守规则的良好习惯。

游戏准备

1. 格子图棋谱若干。

2. 黄、红两种颜色的饮料瓶盖,瓶盖正面分别贴上打印好的10以内数字。

游戏玩法

1. 游戏以两人一组来进行,幼儿把黄、红两种颜色瓶盖数字面朝下摆放在格子图棋盘上。一人选黄色,一人选红色,每人任拿棋盘中自己选中颜色的一个瓶盖,比较瓶盖上数字的大小,数字大的可以收数字小的瓶盖,直至有一方瓶盖全部收完即游戏结束。

2. 游戏规则:瓶盖最先被对方收完的为输。

（可相互交换伙伴进行游戏）

游戏（二）：骰子游戏

游戏目标

练习 10 以内数的组成和加减。

游戏准备

硬纸板做的骰子若干，每个骰子的六个面分别画上 1～6 个圆点。

游戏玩法

数的组成。两人一组，取骰子 1 个、数字卡片一组。事先商定数字，一人掷骰子，另一人要说出一个数，要与骰子朝上的一面的数合起来是商定数字。如凑 6，骰子面是 2，另一个人要立即说出 4。正确改为掷骰者，错误仍为凑数者。（另可做加减游戏）

游戏规则

凑数时间规定为 10 秒，在规定时间能凑出数者为赢，否则为输。

四、户外自主活动（15:50～16:25）

材料提供：线圈、水瓶、积木、滚筒、纸盒、易拉罐等

重点观察与指导：

1. 观察幼儿是否能自行选择游戏材料，玩各种运动器械，是否能合作游戏、创新游戏玩法。

2. 在游戏中保护自己的安全，有一定的安全意识。

3. 活动后组织幼儿收拾整理户外运动器械，鼓励幼儿尝试与同伴合作收拾较重的器械。

五、自选活动、离园（16:25～17:20）

1. 教师提醒幼儿整理好自己的物品和容貌。

2. 遵守活动规则，按要求进行离园活动。

3. 看到家人来接时，主动收拾好玩具或图书，摆好自己的椅子。当自己的活动没有结束时，亦可邀请家长共同参与，完成后再离园。

4. 拿好自己的书包等物品，主动与教师和同伴告别。如果父母和教师在交流能耐心等待。

（资料来源：湖南省衡阳市学前教育中心　程健）

任务五　教育活动方案的设计

学习目标

1. 了解幼儿园教育活动方案设计的基本流程。

2. 能制订幼儿园教育活动方案。

📖 学习内容

　　幼儿园教育活动方案简称为教案,教案分为详案和简案两种。详案是要把教学过程全面、详细地写出来;简案只写出教学过程的提纲即可。实习生要求写详案。

　　一篇完整的教案应包括:活动名称、活动目标、活动准备、活动过程,如有必要,最后还有活动延伸。

一、活动名称的设计

　　活动名称体现的是一个具体的教育活动的题目。活动名称包括活动类型、年龄班与具体内容。活动名称的设计应主题明确具体,简洁有趣,内容完整。如"中班科学活动:可爱的小蜗牛""中班语言活动:是谁嗯嗯在我的头上""小班体育活动:小蚂蚁与大豆豆"等。

二、活动目标的设计

　　幼儿园教育活动目标是指通过某一次或某几次教育活动所期望取得的效果。它指明了教育要达到的标准和要求,是开展教育活动的依据。它不仅对教育内容、教育方法、教育手段和教育活动形式产生影响,也影响着教育的结果即幼儿的发展。

(一) 活动目标主要包括三个维度的内容

　　1. 情感方面:包括兴趣、爱好、态度、习惯的养成和好奇心、价值观的培养等。

　　2. 认知方面:包括对知识的理解、掌握、记忆等。

　　3. 行为技能方面:包括操作、表达、交往、运动、创造等能力的形成等。

(二) 活动目标表述的要素

　　活动目标表述的基本要素包括:(1)行为:通过活动幼儿能做什么,指向的是幼儿的行为变化,关注的是幼儿的行为结果,具有客观性、可操作性。(2)条件:说明这些行为在什么条件下产生。(3)标准:指出合格行为的最低标准。如小班绘画活动"画妈妈"的活动目标是:通过观察妈妈放大的照片学习画妈妈的脸,能画出脸的主要部位,进一步激发幼儿爱妈妈的情感。对于该目标,幼儿要达到的行为结果是能画出妈妈的脸,条件是通过观察妈妈放大的照片,标准是能画出脸的主要部位。

　　在教育活动的目标表述中,行为的表述是最基本的成分,我们常常用一些动词来表达,如"理解""掌握""欣赏""培养"等词,有的还在动词前加上"深刻""充分"等词,如"深刻理解""充分掌握",反映活动要求的提高。

(三) 活动目标表述的要求

　　1. 具有可操作性,避免过于笼统、概括和抽象。

　　如中班健康教育活动"刷牙"的活动目标之一:学习正确的刷牙方法,养成早晚刷牙的好习惯。这个目标具体、明确、便于操作。

　　2. 要清晰、准确、可检测,不能用活动的过程和方法来取代。

　　活动目标的表述包括行为、条件、标准等,其中核心的要素是行为的表述,但教师通常用活动的过程和方法来替代活动的结果。如科学活动"乘坐公共汽车"的活动目标之一:在观察和游戏的过程中,幼儿把对汽车的兴趣转化为探索汽车的好奇心。用活动的过程来替代活动目标,目标模糊、不准确,难以检测。

3. 从统一的角度表述目标。

活动目标表述形式有多种,从教育活动的主体看,有两种方式。(1)表述教师的行为:说明教师在活动中应该做什么,常用"教育、帮助、激发、要求"等词语表述。(2)表述幼儿的行为:表述幼儿的行为变化,常用"学会、喜欢、说出、创编"等词语表述。

4. 一个目标要通过多种活动来实现,一个活动要指向多个目标。

活动目标和相应的教育活动内容并非一一对应的关系,幼儿园教育活动具有综合性和整体性的特点。一方面教师要善于整合各个教育活动,围绕一个目标协调各种教育活动来实现它。例如,中班科学活动"水"的目标之一:理解水的特性,懂得保护水资源。可以开展的活动有:"好玩的水""水从哪里来""水的用处大",使幼儿在不同的活动中,通过不同的教育过程和手段了解水的特性,并懂得保护水资源。另一方面教师要最大限度地发挥某一活动的教育功效,使一项活动能实现多方面的教育任务。例如,大班美术活动"黑白配"的活动目标是:欣赏生活中黑白配的物品,感受黑白装饰所带来的美感。能大胆运用点、线、面及黑白色彩来装饰物品,尝试在各种黑白用品上进行绘画创作。一项活动要实现寻找与发现、欣赏与比较、尝试与表现、欣赏与评价等多方面教育任务。

5. 活动目标的表述要尽可能全面。

虽然不同的教育活动的教育目标应有所不同,且应有各自的重点目标,但总体而言,除了突出本活动的重点目标外,还要兼顾其他方面的目标,每一个教育活动的目标原则上都应包括情感目标、认知目标、行为技能目标。

三、活动准备的设计

准备工作是实施活动的前提,它直接影响着幼儿参与活动的积极性、活动的进程和实际效果。

活动准备包括:知识经验准备、情感准备、材料准备和空间环境准备。

(一)知识经验准备

知识经验准备包括两个方面:一是教师要具备相关的知识经验。开展某一个具体的活动,只有教师具有相关的知识经验,才能深入浅出地指导幼儿。当幼儿提出问题时,又能因势利导,或给予适当的帮助。二是要了解幼儿具备哪些与该活动相关的知识经验、技能与能力水平,以便有针对性地开展教育活动。如大班讲述活动"可爱的花",其中的一项活动准备是:每人在家较细致地认识一种花,并在家长的配合下,了解一些有关花的常识。这就是幼儿讲述"花"的知识经验准备。

(二)情感准备

幼儿的活动需要情感的支持。而幼儿的情感又容易受到成人的影响和感染。教师自身能否以积极的情感投入活动的指导中,会直接关系到幼儿在活动中的情感体验,并影响活动的效果。

(三)材料准备

活动材料既可以由教师准备,也可以是教师带领幼儿事先收集,还可以让幼儿从家中带来,教师再根据幼儿带来的材料有目的地加以补充。如大班主题活动"服装布料真多呀"活动准备之一:请家长帮忙,在家中或缝纫店收集各种各样的小布料带到幼儿园。这样不仅减轻了教师的工作负担,还把材料的准备巧妙地变成活动的前奏、家园联系的途径。

(四) 空间环境准备

空间对于活动的开展也是非常重要的,比如提供什么样的活动场地,是在室内还是室外? 如果在室外,是在室外的空地还是自然环境中? 如果在室内,是需要桌面的空间还是地面的空间? 甚至连活动室内桌椅的摆放,也要考虑到活动的需要:怎样有利于幼儿的独立操作,怎样有利于幼儿之间的讨论交流? 种种因素都会影响活动效果。

四、活动过程的设计

活动过程包括开始部分、基本部分和结束部分。

(一) 开始部分

教师可以通过各种各样的方法将幼儿导入到活动中。导入的语言要精练、简洁,时间不宜太长。导入的方式要巧妙、准确,常用的导入方式有:情境导入、直观导入、谈话导入、游戏导入、歌曲(律动)导入、故事(儿歌)导入、猜谜导入等。

(二) 基本部分

活动的基本部分是完成活动目标的主要过程,需要采取不同的教学方法和形式围绕目标循序渐进、层层递减、由浅入深地展开。在设计基本部分时,主要考虑以下几点:

1. 大体分为哪几个步骤?

2. 每个步骤必须完成哪些内容? 采用什么方式方法?

3. 哪一个步骤是重点? 哪一个步骤是难点? 怎么突出重点? 怎么突破难点?

4. 每个步骤的时间大体怎样分配?

5. 每个步骤如何进行清楚地陈述?

6. 用什么方式来进行步骤之间的过渡?

(三) 结束部分

结束部分的设计主要考虑结束的方式。教师需要精心地设计活动的结束方式,既要使这一次活动圆满地结束,又不能就此结束幼儿对活动的积极性。常用的活动结束方式有:

1. 自然结束法:随着活动的进行,自然结束。

2. 总结评价法:教师和幼儿对本次活动的关键或核心问题进行总结或概述,或教师对幼儿的学习品质进行讲评,提升幼儿认知水平和良好的学习品质。

3. 后续延伸法:根据本次活动重点设置相关问题,为后续活动做铺垫。

五、活动延伸的设计

活动延伸是指在组织教育活动后,教师设计一些与此相关的辅助活动,使教育内容渗透到幼儿一日生活中,使幼儿受教育的时间能持续,掌握的知识技能、形成的道德品质等能不断地强化。活动延伸的方式多种多样,如游戏、区角活动、表演、领域渗透、家园社区共育、成果展览等。

案例 | 大班科学活动:好玩的非牛顿流体

活动目标

1. 通过实验,了解淀粉浆做成的非牛顿流体,探索非牛顿流体的特性。
2. 寻找生活中的非牛顿流体,享受科学探究带来的快乐。

活动准备

1. 相关视频、课件、律动音乐《公共汽车》《小苹果》《江南 Style》。
2. 透明碗两只(一只碗里装玉米淀粉浆,一只碗里装水)、装有非牛顿流体的大脸盆一个。
3. 音响、透明的塑料薄膜一张(音响上放一张塑料薄膜,在塑料薄膜中间倒入少许非牛顿流体)。
4. 布置一个非牛顿流体的家。

活动过程

1. 激发兴趣,谈话导入。

(1) 做《小手拍拍》律动,教师带领幼儿进入科学实验站。

(2) 导入语:小朋友们好! 欢迎你们来到科学实验站,我是科学实验站的罗博士,你们喜欢我吗? 好,给我一些掌声!

2. 演示现象,设置疑问。

(1) 出示水,提问:①小朋友看,这是什么? 现在我请一个小朋友尝尝,它是不是水? ②小朋友仔细看看,晃动时碗里的水会不会溅出来?

(2) 出示淀粉浆做成的非牛顿流体,提问:①看一看,比一比,说一说它们受力后有什么不同? ②非牛顿流体同样是液体,为什么晃动时不会溅出来?

3. 观看视频,了解非牛顿流体。

小结:刚才小博士告诉我们,非牛顿流体的脾气有点怪,我们轻轻地触碰它,它就变得软软的,是液体;我们重重地敲击它,它就会很生气,变成固体。现在我们一起来做实验,看看小博士说的是不是真的。

4. 实验验证,探究非牛顿流体的特性

(1) 播放音乐《公共汽车》,罗博士带领幼儿做律动,进入科学实验第一站。

观察脸盆中的淀粉浆,提问:①小朋友看看,这是什么? (淀粉浆做成的非牛顿流体)②把你们的小手伸出来,轻轻地放进非牛顿流体中,然后慢慢地把手指抽出来,你看到了什么? ③现在重重地捶打非牛顿流体,看看它是否生气了,变成了什么?

小结:刚才我们做实验,知道了非牛顿流体的脾气真的很怪,轻轻地触碰,它是软软的,是液体;重重地捶打,它就会生气,变成固体。

(2) 播放音乐《公共汽车》,罗博士带领幼儿做律动,进入科学实验第二站。

提问:①看看音响上面有什么? ②音响上的非牛顿流体在无声音时是什么样的? ③播放《小苹果》,幼儿做相应的律动,然后观察音响发出声音时,非牛顿流体又有什么变化。

小结:音响无声音、静止时,非牛顿流体是液体;音响发出声音、颤动力度大时,非牛顿流体在受力后就会加大黏稠度形成固体,变成一个个小蝌蚪在音响上面跳舞。

(3)播放音乐《公共汽车》,罗博士带领幼儿做律动,进入科学实验第三站。

现在请小朋友把鞋子脱下来,把袜子也脱下来放进鞋子里,把裤腿卷上去露出小脚、小腿,坐上"小汽车"去非牛顿流体的家。

非牛顿流体的家到了,小朋友们,欢迎你们! 你们到非牛顿流体的家里玩的时候,小脚一定要不停地、不停地跳,否则小脚就会陷进去。好,我们一起进去玩吧!

播放音乐《江南 Style》,大家一起伴随音乐跳舞。用小脚再次感受非牛顿流体在不同力度下所产生的变化。

5. 播放 PPT 课件,寻找生活中的非牛顿流体。

小结:非牛顿流体并不是实验室里才有的神秘物质,它在生活中随处可见。刚才我们看到的番茄汁、蛋清、酱油、炼乳等可以吃的东西,它们也都是非牛顿流体。

还有一些非牛顿流体,平时大家看不见它们,但它们却时时刻刻与我们相依相伴,那便是我们身上的体液:血液、淋巴液、细胞质……这样看来,我们的身体本身就是一个活动的非牛顿流体容器。

活动延伸

在日常生活中继续寻找非牛顿流体,并与同伴或老师、家长交流自己的发现。

(活动设计:湖南省衡阳市青少年宫艺术幼儿园　罗娉婷)

项目二 组织幼儿园教育活动

项目介绍

幼儿一日生活皆教育,幼儿园一日生活中各种教育活动相互渗透,实习生要熟练掌握并实施教育教学活动,提高教育教学技能。本项目主要介绍幼儿园生活活动、教学活动、游戏活动和区域活动的组织与实施。

项目导航

```
                              ┌─ 组织幼儿园生活活动 ─┬─ 组织幼儿园生活活动
                              │                      └─ 拟定幼儿园生活活动方案
                              │
组织幼儿园教育活动 ─────┼─ 组织幼儿园教学活动 ─┬─ 做好教学准备工作
                              │                      └─ 组织教学活动
                              │
                              ├─ 组织幼儿园游戏活动 ─┬─ 做好游戏活动准备工作
                              │                      └─ 指导幼儿游戏
                              │
                              └─ 组织幼儿园区域活动 ─┬─ 做好班级的区域规划与设置
                                                     └─ 班级区域活动的组织
```

任务一 组织幼儿园生活活动

学习目标

1. 了解幼儿园生活活动的组织要求。
2. 能设计与组织幼儿的生活活动,提高幼儿的自理能力。

学习内容

幼儿园一日活动包括生活活动、学习活动、自主游戏活动、体育活动。其中生活活动是指满足幼儿基本生活需要的活动,即一天中和生活有关的安排,包括入园、离园、盥洗、餐点、饮水、午睡、如厕等环节。这些环节在一天当中所占的时间比例非常高,每一环节的工作内容都有具体的要求,实习生要掌握其实施细则,注重生活活动中的养成教育,提高幼儿的自理能力。

一、组织幼儿园生活活动

（一）入园

入园是幼儿园一日生活的开始。教师应热情接待幼儿和家长,观察幼儿的情绪和健康情况,提示幼儿积极主动配合晨检,引导幼儿当发现自己或同伴身体不舒服时告诉保健医生和老师。主动询问家长,了解幼儿情况,引导幼儿与家长道别,愉快分离。指导幼儿放置所带衣物,提醒值日生进行值日工作,培养幼儿对自己、他人和环境的责任感。保育老师在幼儿入园前开窗通风,做好卫生清理工作,营造干净、清爽的学习环境。

（二）洗手

教师要引导幼儿养成饭前便后洗手的卫生习惯,组织并指导幼儿正确洗手、擦手。洗手时主动排队,不拥挤、不玩水、不浪费水,有节约意识。

（三）饮水

引导幼儿按需喝水,坚持科学饮水。观察并检查幼儿的饮水量,重点关注体弱幼儿饮水情况,引导他们关注自己的尿液情况。观察幼儿排队、取放水杯情况,适时提醒。为幼儿提供统计喝水量的材料,离园时跟家长交流自己的喝水情况。家园合作引导幼儿少喝饮料,多喝白开水。

（四）进餐

幼儿园一日活动中的进餐有早餐、中餐、午点等。餐前,教师指导幼儿用正确的方法洗手、搬椅子,向幼儿介绍食谱。进餐时,提醒幼儿正确使用餐具,细嚼慢咽,不挑食。注意照顾体弱、生病的幼儿,控制肥胖幼儿的食量。当幼儿不小心打翻食物时不要批评或斥责幼儿,让幼儿保持愉快的情绪进餐。餐后,提醒幼儿用正确的方法漱口、擦嘴、清洁桌面、收拾餐具。

（五）午睡和起床

午睡前,教师提醒幼儿如厕,进行午检,要求幼儿不带玩具或其他物品睡觉,安静入寝。午睡时,指导或帮助幼儿铺好床被,有顺序脱衣服,整齐摆放在指定位置上。巡回检查幼儿睡眠情况,纠正不良睡姿,安慰入睡困难、情绪不稳定的幼儿。起床时,教师提醒幼儿保持安静,指导幼儿有秩序地穿衣、穿鞋,遇到困难时相互帮助。起床后如厕、洗手、喝水,做好吃午点准备等。

（六）离园

离园活动时,教师引导幼儿专注地参与活动,如看书、玩桌面玩具,等父母来接。家人来接时,提醒幼儿主动收拾玩具或图书,主动与教师或同伴告别,愉快离园。如教师和家长在交流,引导幼儿耐心等待。

二、拟定幼儿园生活活动方案

教师在组织幼儿建立生活常规的同时,还可以通过有目的、有计划的日常生活教育活动,帮助幼儿掌握生活技能,提高生活自理能力。为此,教师要设计好生活活动方案,以便有效地组织与实施教育活动。

教师在设计生活活动方案时,要与主题教育活动有机结合。如大班下学期主题活动"我上小学啦",可开展的生活活动有"整理小书包""运动后照顾好自己""快乐的课间十分钟""系(解)鞋带和裙带"。

生活活动方案应包括:活动名称、活动目标、生活环节(在什么时候实施)、幼儿活动流程建议、教师观察指导建议。

案例 1 　　　　　　　　　　　小班生活活动:抹香香

活动目标

1. 知道抹香香的重要性,乐意自己独立抹香香。
2. 学习正确抹香香的方法。

活动准备

1. 物质准备:毛巾、镜子、宝宝霜若干,PPT 课件,背景音乐。
2. 经验准备:幼儿认识宝宝霜,生活中有抹宝宝霜的经历。

活动过程

1. 谈话导入,激发幼儿兴趣。

提问:刚才,我们把小手和脸蛋都洗干净了,接下来应该做什么?(抹香香)

2. 了解抹香香的重要性。

(1)提问:冬天来了,如果我们不抹宝宝霜,我们的脸蛋会变成什么样子呢?

幼儿观看 PPT,教师引导幼儿发现宝宝的脸蛋是红红的,还有脱皮和裂纹,宝宝在流眼泪。

(2)教师介绍宝宝霜的作用。

师:天气变冷,寒风吹在我们的脸蛋上会使我们的脸蛋变得干燥、发红,严重的还会出现脱皮、裂纹。宝宝霜抹在脸上,会让我们的脸蛋变得滑滑的,能更好地保护我们的皮肤。

3. 学习正确抹香香的方法。

(1)引导幼儿回顾生活经验。

提问:小朋友们,你们是怎样抹香香的? 谁愿意上来抹香香?

请一个幼儿上台展示抹香香,教师出示镜子,引导幼儿学会用镜子检查是否把香香抹均匀。

(2)幼儿学习抹香香的方法。

请幼儿跟着老师学习抹宝宝霜,教师边念儿歌边示范抹宝宝霜:蘸一蘸,点在额头上;蘸一蘸,点在鼻子上;蘸一蘸,点在下巴上;蘸一蘸,还有两旁小脸蛋。双手打开抹一抹,额头抹一抹,鼻子抹一抹,下巴抹一抹,我的小脸香又滑!

教师提醒幼儿不要把宝宝霜抹到眼睛、鼻孔、嘴巴、耳朵里;蘸宝宝霜只要蘸指甲盖大小,如果蘸多了可以抹到脸上其他部位。

（3）幼儿模仿抹香香。

小结：你们学得真认真，再次提醒幼儿抹宝宝霜的时候一定要注意不要抹到眼睛、鼻孔、嘴巴、耳朵里，要把宝宝霜均匀地抹开，蘸宝宝霜时一次可不要蘸太多噢！

4. 幼儿练习抹香香。

（1）小朋友们，你们想不想自己来抹香香？

（2）老师给每一位小朋友都准备了一面镜子、一瓶宝宝霜，抹宝宝霜时，老师跟你们有三个约定：

① 双手轻轻搬起小椅子走到桌子前摆好；

② 请小朋友排好队，每人领取一面镜子和一瓶宝宝霜；

③ 找到位置坐下来自己抹香香，要注意安全，不能将宝宝霜弄到眼睛、鼻子、耳朵、嘴巴里面。

（3）播放背景音乐，幼儿练习抹香香。

（4）教师巡回观察指导，提醒幼儿用正确的方法抹香香。

5. 活动结束。

（1）提醒幼儿把物品分类摆放好。

（2）评价幼儿的活动情况，对遵守约定、认真操作的幼儿进行表扬。

（3）幼儿找到自己的好朋友互相轻轻地摸一摸、闻一闻小脸蛋。

（4）教师小结：抹了宝宝霜后我们的小脸蛋变得滑滑的，闻起来香香的，真舒服！今天我们学习了抹宝宝霜的方法，以后你们每天都要坚持自己抹宝宝霜，香香地来幼儿园！

活动延伸

1. 在活动室或寝室的墙面上，粘贴抹香香的示意图，帮助幼儿掌握正确的抹香香的方法。

2. 在娃娃家，鼓励幼儿为布娃娃抹香香，在游戏中巩固正确的抹香香的方法。

3. 在日常生活中，鼓励幼儿边说儿歌边正确地抹香香。

（活动设计：湖南省衡阳幼儿师范高等专科学校附属幼儿园　李哲）

案例 2　　　　　　大班生活活动：整理小书包

整理小书包

任务二　组织幼儿园教学活动

学习目标

1. 掌握幼儿园教学活动的基本流程及组织方法。

2. 能实施幼儿园集体教学活动，提高教学能力。

学习内容

组织与实施幼儿园教学活动是教育实习的主要任务之一,是学生在教师指导下,把所掌握的理论知识和技能技巧,集中运用到幼儿园教学中,提高教学能力的重要途径。组织集体教学活动的基本要求主要包括以下几个方面。

一、做好教学准备工作

备好课是上好课的前提。实习生要熟悉实习班级的教育教学计划和进度安排,结合主题选择幼儿感兴趣、适合幼儿实际的教学内容,设计详细的教学活动方案,并在老师的指导下不断修改、完善。熟记教学内容、方法,掌握教学流程,准备好教学中需要的教具、学具等,进行教学试讲。试讲后自我反思,征求指导老师的意见,听取实习小组成员的评议,再次完善教学活动方案。

二、组织教学活动

目前幼儿园教学活动多采用三部分结构:开始部分、基本部分、结束部分。

(一) 开始部分

1. 主要任务:一个教学活动的开始,主要是引起幼儿对将要学习内容的注意,激发幼儿对有关内容的学习兴趣,选择适当的导入方式引出活动主题。

2. 导入方式:导入活动的方式很多,可分为以下三种方式。

(1) 直观导入:演示导入、材料导入、故事导入等。

(2) 问题导入:悬念导入、直接问题导入等。

(3) 知识联系导入:递进导入、直接导入、衔接导入等。

导入要具有启发性、针对性、趣味性、艺术性和简洁性,教师可以根据活动的内容灵活地加以选择,以取得较好的效果。

3. 时间:一般开始部分占总时间的 10%～20%。幼儿的年龄越小,所占的时间越少。

(二) 基本部分

1. 主要任务:学习粗浅的知识和技能;巩固和提高已学过的各类练习技能和游戏方法等。实现本次教学活动的主要教育和教学的活动目标,并从中通过幼儿自身的探究与发现,丰富幼儿的知识经验,发展幼儿的能力,培养幼儿良好的情感与品质等。

2. 教学方法:教师要围绕目标,选择恰当的教学方法,展开教学活动。幼儿园教育活动常用的方法按不同性质可分为三大类,每一类又可分为不同方法。

(1) 语言类方法:讲述法、讲解法、谈话法、描述法、讨论法等。

(2) 直观类方法:观察法、演示法、示范法、范例法、欣赏法等。

(3) 实践类方法:游戏法、操作练习法、探究法、实验法等。

教师要根据教育活动目标、活动的具体内容、幼儿的年龄特征和学习特点选择方法。要保证教育活动目标的全面实现,各种教育方法要有机结合,发挥最佳功效。

3. 教学实施要求如下：

（1）活动组织有序，层次清晰，过渡自然合理、衔接紧凑。

（2）教学内容详细分明，重点突出，时间安排合理。

（3）方法手段合理、恰当有效，目标达成度高。

（4）充分发挥幼儿的主动性、参与性和操作性。

（5）注意观察幼儿，尊重幼儿发展的差异性，并根据实际情况做出恰当的反馈。

4. 时间：一般约占总时间的70%～80%。

（三）结束部分

1. 活动结束要求：首尾对应、结构完整；留有余兴、延伸扩展；水到渠成、适可而止。

2. 活动结束常见方式有如下四种。

（1）总结归纳：教师简明扼要复述要点，或启发幼儿回忆复述要点，引导幼儿创编（或使用现成的）儿歌、游戏形象化地总结。如"10以内数字"教学，结束时，教师根据每个数字的形状编了儿歌："1像小棍细条条，2像鸭子水上漂……"将知识归纳总结变得生动有趣。

（2）水到渠成：按照活动内容顺序，根据幼儿认知规律一步步进行，最后自然收尾。此策略需在活动过程中环环相扣，才能达到预期目的，水到渠成结束活动。如音乐活动"小花猫和小老鼠"，结束部分将幼儿分成两组，一组扮演"小花猫"，一组扮演"小老鼠"，在音乐声中，玩"猫捉老鼠"的游戏，互相逗乐，在玩中结束活动。

（3）操作练习：教师提供充分的材料，让幼儿在操作、练习中复习巩固所学知识。如在"复习几何图形"活动结束时，教师为幼儿准备积木、橡皮泥等材料，让幼儿玩结构游戏，进一步引导幼儿体会几何图形的应用价值。

（4）延伸扩展：在某个活动结束之后，引发并组织其他的活动以促进该活动目标更好地达成，这些都可以写在活动延伸部分。延伸作为机动性部分，可以在教学之后的游戏或其他活动中进行，也可以延伸至家中的活动。

此外，还有游戏表演策略等。

3. 时间：约占总时间的10%～20%，应视具体的活动情况而增减。

幼儿园教学活动过程的三个部分之间是相互联系的，各部分有自己的主要任务和内容，但在活动的结构上又是一个紧密相连的整体，以共同实现教育活动目标。

| 案例1 | 大班语言活动：滑稽的脚先生 |

视频

滑稽的脚
先生

活动目标

1. 在理解图意的基础上，学习用儿歌有节律地进行表述。

2. 积极大胆地用完整的语句来表述自己对图示和符号的理解。

3. 能依据相应的图示和符号创编儿歌，体验作品的诙谐有趣。

活动准备

1. 物质准备：《滑稽的脚先生》PPT。

2. 经验准备：幼儿了解脚尖、脚跟、脚边、脚掌等相应部位的名称。

活动过程

1. 游戏"脚尖脚跟点点点"导入，激发兴趣。

师：小朋友们，今天老师给你们带来一位朋友，看看他是谁？他呀是滑稽脚先生，他最喜欢和小脚玩游戏了，你们的小脚在哪儿，摇摇你的小脚打个招呼吧！你听，脚先生说，脚尖踮地点点点，脚跟踮地点点点……

2. 出示脚印图片，认识不同的脚印符号。

师：滑稽脚先生除了喜欢玩"脚尖踮地，脚跟踮地"的游戏，还会用不同的部位走路，走出来的样子也很搞笑，所以大家叫他滑稽脚先生，你们看，这就是滑稽脚先生走路留下来的脚印。大家猜一猜，这些脚印都是脚的什么部位走路留下的呢？

（1）认识脚尖脚印。

师：这是我们脚的什么部位？（脚趾头，脚的前面）脚的前面我们叫作脚尖，你们会不会把脚翘起来，用脚尖走路呢？（幼儿集体尝试脚尖走路）

（2）认识脚跟脚印。

师：脚后跟我们叫作脚跟，谁来试试脚后跟走路！（个别幼儿尝试）

（3）认识脚边脚印。

师：脚尖会走路，脚跟也会走路，这是脚的什么部位在走路呢？脚有几条边？

（4）认识双脚跳脚印。

师：看看这是怎么走的？两个脚一直是平的是怎么走的？

小结：刚才看了这些图，我们知道了，原来我们的脚分为脚尖、脚跟、脚边、脚掌。滑稽脚先生都是用这些部位来走路的呀！

（5）模仿滑稽脚先生走路，加深对各种脚印图示的理解。

师：小朋友们，你们会不会用脚的不同部位走路呀？好，现在老师要施魔法把你们变成滑稽脚先生，注意听老师的口令：脚尖走走走、脚跟走走走、脚边走走走……脚掌走路跳跳跳。

3. 观察画面图示——看图编儿歌。

（1）出示滑稽脚先生走路的路线图片，引导幼儿看图创编儿歌。

① 帮助幼儿分析理解第一句，编成完整的一句话。

师：其实，这位滑稽脚先生还喜欢去不同的地方，用脚的不同部位走路。那么，脚先生到底去了哪些地方？我们来看看。

提问：这是什么地方？他会用什么方法走路？谁可以看着图片来完整说说：看见小路脚尖走……

② 快想快说：出示第二张图，幼儿快速说出完整的句子。

师：这是什么地方？看见草地怎么走？

（2）引导幼儿把四张图片连起来编成儿歌并大胆说出来。

师：刚才我们把四张图片编成了一首儿歌，现在我们从下往上连起来完整地说，看谁能够说得清楚正确，开始——

看见小路脚尖走，看见树林脚跟走，看见草地脚边走，看见小河跳着走。

小结：太棒了，说得又清楚又响亮，我们都已经学会了看图画念儿歌。

4. 理解符号的意义,学习用语言进行完整讲述。

(1) 出示符号卡,理解其意义,并用语言进行讲述。

师:今天老师还要教你们一个本领——看符号念儿歌,我们看看第一个符号是什么?眼睛代表什么意思?后面的符号代表什么意思?

师:小朋友不仅会看图会念儿歌,看这些符号也会念儿歌,接下来,这一句谁会说?(出示第二张图片符号)

(2) 完整地进行连贯表述。

看到这一句谁会说?(同法看图说出第三、四句)

(3) 引导幼儿有节奏地念儿歌。

师:大家都会念儿歌了,那现在老师要加大难度了,你们念儿歌时要是有节奏地念快一点,不拖长音就更棒了。我们一起来试试(教师拿出小鼓引导幼儿有节奏地念儿歌)。

5. 变换符号,幼儿尝试看符号创编儿歌。

(1) 出示新的符号卡,分别理解其意义。

师:这首儿歌学会了,知道眼睛原来是看见的意思。那老师又要变魔法了,咦,我把这些符号换一换,你们能看懂吗?(注意挨着顺序一个一个看)

(2) 用语言进行表述,完整创编儿歌。

脚尖走路矮变高,脚跟走路高变矮,脚边走路像鸭子,双脚跳跳像兔子。

6. 结束。

师:今天你们学会了看图学儿歌、看符号学儿歌,还能有节奏地念儿歌,以后你们再看到图片和符号可以自己想一想,也能说出好听的儿歌。最后老师提醒你们一句哦,可以学着滑稽脚先生走路玩游戏,但平时走路还是要好好地一步一步走才安全。

(活动设计:湖南省衡阳市实验幼儿园　尹亚敏)

视频
冰雪奥运

案例 2　　大班社会活动:冰雪奥运

活动目标

1. 了解北京冬奥会的相关知识,知道冬奥会是世界性的盛大体育运动赛事。

2. 运用交流、体验等方式,感受运动员奋勇拼搏、团结合作、不怕困难的奥运精神。

3. 为中国成功举办冬奥会而自豪,萌发爱祖国的情感。

活动准备

1. 2022 冬奥会相关图片、视频。

2. 投票记录表、圆形贴纸、长条木板 6 块、长棍 6 根、平板车 6 台、锥形桶 6 个、起终点线、金银铜奖牌、花束、托盘,颁奖台。

活动过程

1. 视频导入,集中幼儿的注意力。

播放 2022 冬奥会开幕式短片。

提问:在刚才的短片中你看到了什么?

小结:我们看到了 2022 冬奥会主办方中国的国旗、会徽、火炬、奥林匹克五环和各国参赛运动员。北京是全世界第一个举办了夏奥会和冬奥会的"双奥之城"。

2. 抢答游戏,初步了解冬奥会相关知识。

(1) 现在我们来玩一个"我问你答"的游戏,请你们根据老师的提问抢答。

① 2022 年冬奥会是在中国哪个城市举办的?(北京、张家口两个城市联合举办)

② 2022 年北京冬奥会的吉祥物是什么?(冰墩墩和雪容融)

(2) 下面是选择题,请你们选择一个正确答案抢答。

① (呈现草地和雪地图片)提问:冬奥会的比赛场地在哪里?

② 下面图片中哪些项目是冬奥会比赛项目?

A. 跑步　　B. 双人雪橇　　C. 滑雪

3. 观看视频,了解冬奥会相关的比赛项目。

(1) 请你们说出视频中比赛项目的名称。

(2) 请你们模仿比赛项目的相关动作。

4. 分享运动员苏翊鸣训练视频,感受运动员自我超越的精神。

(1) 讨论:掌握一项运动技能难不难?为什么?

(2) 观看苏翊鸣训练、比赛视频,知道运动员训练的艰苦与努力。

小结:苏翊鸣为了实现参加 2022 年冬奥会的目标,克服天气的寒冷,坚持刻苦训练,不断挑战更高难度的动作。在这个过程中有失败、挫折,但他没有放弃,坚持到底。最后代表中国站上了冬奥会的领奖台,赢得了所有人的欢呼与喝彩。

5. 体验比赛项目。

(1) 幼儿投票选择一项运动,进行体验。

师:你们想尝试比赛项目吗?这里有两个比赛项目(滑雪、双人雪橇)给大家选择,请你们将手中的贴纸贴到你想尝试的比赛项目下面,老师会根据投票结果,选择数量最多的那个项目让你们进行体验。

(2) 根据投票结果,出示游戏器械,介绍比赛玩法及规则。

(3) 幼儿体验比赛项目。

(4) 幼儿分享比赛感受。

6. 颁奖仪式,活动结束。

(1) 小运动员上台领奖。

(2) 升国旗奏国歌。

2022 年北京冬奥会完美闭幕,在本次的冬奥会中我们深深感受到祖国的繁荣强大。中国向世界展现出新一届精彩非凡的奥运会,让我们一同携手,一起走向未来!

活动延伸

运用各类体育器械、游戏材料让幼儿体验各项冰雪运动。

(活动设计:湖南省衡阳幼儿师范高等专科学校附属幼儿园　万方媛)

视频

动物运动会

案例 3　　　　　　　中班数学活动：动物运动会

活动目标

1. 大胆地参与数学操作及交流活动,体验点数活动的乐趣。
2. 多感官感知 8、9、10 物体的数量,正确进行数量点数。
3. 能用相应的数卡或数字表示物体的数量,理解数字代表的数量意义。

活动准备

1. 经验准备:已经认识 7 以内数字,能点数物体并说出总数,能较熟练地按物取数。
2. 物质准备:
(1) 运动会背景图,小兔卡片 8 张、小鸟卡片 9 张、小猴卡片 10 张、冰墩墩图片 4 张(冰墩墩手上的彩旗分别有 7、8、9、10 个圆点)、7~10 数卡各 2 张、7~10 数字胸卡若干张、松鼠头饰一个。
(2) 小篮子、木珠、笔若干、展示板 3 块、记录表 3 张。

活动过程

1. 创设情境,激发活动兴趣。
(1) 小朋友们好! 我是松鼠老师,很高兴认识大家。今天,森林里要举行动物运动会,你们想和我一起去看看吗?(带幼儿开火车来到运动会场地上)
(2) 小朋友们看一看,都有哪些小动物来参加运动会了?
2. 数数小动物,初步感知数量 8、9、10。
(1) 数一数,比一比。每种动物有多少? 哪种动物数量最多?
师:对了,有小兔、小鸟、小猴来参加运动会了。来了多少只小兔呢? 我们一起来数一数。用同样方式找出并点数小鸟、小猴。
(2) 看一看、做一做。这些小动物想请三个小朋友帮它找数字朋友,谁来帮小动物找数字朋友?
(3) 找一找,说一说。
① 数字 10 与前面两个数字有什么不一样? 数字 10 前面一个数字是几,后面一个数字是几?
小结:数字 10 是由数字 1 和数字 0 组成的,1 是十位,0 是个位。
② 我们身上有哪些部位可以用数字 10 来表示?
小结:我们有 10 个手指头、10 个脚趾头。
③ 我们的周围、家里、幼儿园有哪些东西可以用数字 10 来表示?
小结:任何物品只要它有 10 个,都可以用数字 10 来表示。
(4) 数一数,说一说。
① 听说要举办运动会,冰墩墩也跑来了,数一数,冰墩墩有几个?
② 它们手上拿着什么? 这些彩旗有什么不一样? 每一面彩旗上都有几个圆点?
3. 运动会竞赛,巩固练习 8、9、10 的点数,并进行数物对应。

师:今天的运动会可真热闹,你们想不想参加? 现在,我们来举行比赛。

(1) 第一场比赛:看谁站得快。

玩法:①每个小朋友找一张数字胸卡戴好,看看数卡上的数字是几,教师倒数三下后,幼儿立即跑到彩旗上有几个点的冰墩墩处站好,比一比谁的速度最快。②看一看,都站对了没有? 评一评,哪一队最快?

规则:根据数卡上的数字找相对应的彩旗上圆点站队,站得对、站得快的队获胜。

(2) 第二场比赛:看谁做得对。

玩法:教师出示数卡,幼儿根据数卡上的数字模仿小动物做相应的动作,如小兔跳:教师出示数卡7,幼儿模仿小兔跳7下;小鸟飞:教师出示数卡10,幼儿模仿小鸟拍10下翅膀。比一比,谁做得对。

规则:根据数卡上的数字做数量相对应的动作,数量相对应的获胜。

(3) 第三场比赛:看谁抓得多。

玩法:①比赛前引导幼儿了解记录表,自己找一个篮子站好。②幼儿抓木珠比赛。第一次比赛:教师发出指令“1、2、3”后幼儿开始抓木珠,抓完后数一数,抓了几颗木珠,并在记录表上记录下来,把木珠倒回原来的地方。然后再进行第二、三次比赛。③三次比赛记录完后,教师给幼儿布置新的任务:给自己奖奖杯。数一数,三次抓木珠,哪一次最多,然后给最多的一次奖一个大大的奖杯(在数字上画圈)。④看一看,奖杯都奖对了吗? 评一评,谁抓得最多,谁是冠军?

规则:只能用一只手抓木珠。每一次比赛后要把木珠倒回原来的地方重新开始抓。

4. 送小动物回家。

师:参加这么多比赛,小朋友辛不辛苦呀? 小动物们也很累了,请小朋友排好队(注意数数每队排了多少小朋友),我们一起送小动物们回家休息吧!

活动延伸

日常生活中,让幼儿用点数、计数的方法记录某些物品的数量。在记录过程中引导并支持幼儿用多种方式记录物品的数量,可以用点、线条、数字等,鼓励幼儿用更简便、更清楚的数字来记录数量。

(活动设计:湖南省衡阳市实验二幼儿园 唐艳华)

案例4 大班音乐活动:小动物投篮球

视频
小动物投篮球

活动目标

1. 仔细倾听乐曲,辨别二拍子的强弱规律,体验音乐活泼欢快的情绪。

2. 初步用动作随乐表现“小动物投篮球”的情境——拍球、接球、传球、投篮;基本准确地按照教师提供的动作范型愉快地做律动游戏。

3. 在模仿和探索的同时积极思考,在自由律动时热情地交流。

活动准备

1. 经验准备：幼儿玩过篮球，知道拍接球、传球和投篮。
2. 物质准备：篮球、篮球架、自制时光机各一个，动物卡片若干，"投篮比赛"PPT课件。

活动过程

1. 情境导入，激发幼儿兴趣。

小朋友们好！今天动物王国要举行投篮比赛，让我们一起来看看海洋动物组和陆地动物组的得分情况。

小狗代表什么组？章鱼代表什么组？现在两组的比分是多少？哪一组落后了？听听它们有什么话要说。（插入课件声音：大班的小朋友们，我们陆地动物组的比分落后啦，需要你们的帮助！）

你们愿意帮助它们吗？不过，今天的投篮比赛和平常不一样哦，要在音乐的指定下完成拍球、传球和投篮。我们先来熟悉一下音乐吧！

2. 熟悉乐曲，感知二拍子的强弱规律。

（1）播放音乐，师幼随乐用拍手的方式有节奏地表现音乐，感知二拍子的强弱规律。

（2）引导幼儿理解二拍子的强弱规律。

提问：小朋友们发现了吗，每次老师数到第几拍拍得比较重？第几拍拍得比较轻？

小结：一拍强二拍弱就是二拍子歌曲的强弱规律，那我们再来拍一次，看看谁的强弱节奏拍得最清楚。

3. 跟着乐曲的节奏，幼儿尝试练习拍球、传球接龙。

（1）引导幼儿听教师的口令拍球、传球接龙。

现在，老师要加大难度了！我们来跟着音乐一起拍球和传球。（教师可跟着节拍提示幼儿：拍—接—传—接，并提醒幼儿听口令，不要把球拍得太远或拍到脚上）

（2）引导幼儿听音乐拍球、传球接龙。

4. 游戏：小动物投篮球。

小朋友们能跟着音乐一起拍球和传球，现在你们有信心去参加比赛吗？那我们怎样去比赛场地呢？看，老师给你们准备了一台"时空转换机"。

（1）介绍游戏玩法及规则。

游戏玩法：全体幼儿和老师围成一个半圆站好，跟着旋律有节奏地按 $\frac{2}{4}$ 的强弱拍依次拍球、接球、传球，当音乐结束时，最后一名拿到球的幼儿到"时空转换机"中抽取一张密码卡，然后给其他幼儿看。幼儿看到密码卡上的小动物后，模仿小动物做相应的动作。抽取卡片的幼儿要根据小朋友模仿的动作猜测是什么动物，猜出后即可走到篮球架下投球，投中即可得一分。

游戏规则：抽密码卡的幼儿一次只能抽一张，抽取后不能看密码卡，只能给其他幼儿看。其他幼儿看到密码卡后不能说是什么动物，只能模仿动物做相应动作。

（2）幼儿随音乐模仿小动物投篮球。

师：现在陆地组得分是多少？我们还落后几分？那我们再一起努力帮陆地组动物去夺

分吧。（游戏可反复进行）

5. 播放课件，表达陆地动物们的谢意。教师点评，结束游戏。

（活动设计：湖南省衡阳市实验幼儿园 敖薇）

视频
多功能百宝箱

视频
盖乐翻天

视频
球板碰撞

附资料链接——自制玩教具

任务三 组织幼儿园游戏活动

💡 学习目标

1. 了解组织幼儿园游戏活动的基本流程。
2. 掌握幼儿园游戏活动方案的设计思路、指导幼儿游戏的原则与方法。
3. 能设计与指导幼儿园游戏活动，提高组织幼儿游戏的能力。

📖 学习内容

《3～6岁儿童学习与发展指南》提出"幼儿的学习是以直接经验为基础，在游戏和日常生活中进行的"。游戏是幼儿的基本活动，是幼儿主动与外部环境相互作用的最重要的方式。组织与指导幼儿游戏，是实习生必须掌握的教育技能之一。

一、做好游戏活动准备工作

（一）设计游戏活动方案

幼儿园游戏活动方案一般包括游戏名称、游戏目标、游戏准备、游戏玩法、游戏规则及游戏建议等。

1. 游戏名称（内容）的设计。

在选择幼儿园游戏活动内容时，必须遵循以下三点。

（1）游戏内容应是幼儿感兴趣的事件。如"老鹰抓小鸡""帮动物找身体"等是幼儿生活中所熟悉的，正因为是熟悉的才是幼儿所感兴趣的。

（2）现成的材料生成游戏活动。根据幼儿园现成的材料，根据幼儿发展的需要，生成一些新的游戏活动，如用班级的废旧纸箱，可以设计结构游戏、智力游戏、体育游戏等。

（3）围绕幼儿园主题活动的游戏活动。可以设计与主题相关的游戏活动，如"美丽的色彩"主题活动中，可以衍生智力游戏"颜色对对碰"、音乐游戏"纸条舞"、体育游戏"运花片"等。

游戏名称的书写时格式要完整，一般要标明年龄班、游戏类型、游戏主题，如"小班智力游戏：大小盒子交朋友"或"智力游戏：大小盒子交朋友（小班）"。

2. 游戏目标的设计。

确定游戏活动目标，必须做到以下三点：

一是表述要清楚，角度要一致，尽量从幼儿角度表述游戏目标；二是游戏目标要明确、

具体,具有可操作性;三是目标要适宜,符合幼儿的身心发展特点和认知水平。例如,小班表演游戏"拔萝卜"游戏目标为:

(1)了解游戏角色与任务,愿意选择自己喜欢的角色进行装扮和表演。

(2)能根据故事内容与同伴一起玩游戏,体验大家一起游戏的快乐。

(3)学会使用简单的材料装扮,结合语言、动作等表现老爷爷、老奶奶、小姑娘等角色的特点。

3. 游戏准备的设计。

(1)知识准备:一是教师要具备相关的知识、能力水平及应急的心理准备;二是幼儿已有的知识经验与能力水平等。

(2)情感准备:要给幼儿提供和谐、安静的活动氛围。

(3)物质准备:常用到的材料可以是班级中的现成材料,如积木、废旧图书、卡片;也可以是教师制作或带领幼儿一起制作而成的材料;还可以是幼儿从家中带来的材料。

4. 游戏过程(玩法)的设计。

游戏过程(玩法)的设计是开展游戏活动的中心环节,这里以教学游戏设计为依托,主要突出游戏玩法的设计。

(1)导入。导入的目的是在短时间内激发幼儿活动的兴趣,为下一步游戏的展开作铺垫。教师可以通过各种各样的方法将幼儿吸引到活动中。常用的导入方式有材料导入、语言导入、音乐导入、情景导入等。

(2)基本部分(游戏玩法)。游戏基本部分是实现游戏目标的重要环节,是对幼儿在游戏中动作和行为的要求。教师在设计时要精心选取好游戏的情节、确定好游戏的细节。

游戏情节选取的方法主要有变化法、衍生法、拓展法等。游戏细节确定的步骤主要包括设定游戏任务、确定游戏方式、启动游戏、选择儿歌或音乐等。

游戏任务的设定应有一定的梯度,不同梯度的任务能够让不同发展水平层次的幼儿得到不同的发展。不同年龄班在游戏中采用的方式有所不同,对于小班幼儿来说,在游戏中主要关注游戏过程,参与作为游戏的主要方式;中大班的幼儿更关注游戏的结果,竞赛作为游戏的主要方式。启动游戏通常采用的方式有指令法、儿歌法、情境法。游戏中的儿歌或音乐必须是与游戏紧密相关的,且能对游戏活动有一定的渲染作用。另外,教师也可以自己创编押韵的、符合主题的儿歌。

(3)结束部分。游戏结束部分主要是让幼儿养成良好的行为习惯,收拾游戏物品;评价游戏的进行情况,帮助幼儿获得游戏的成功感和快乐感;启发幼儿思考,为以后的游戏做准备。

5. 游戏规则的设计。

游戏规则应简单明了,易于幼儿理解与执行,同时游戏规则的制订也可以让幼儿参与进来。新编的游戏规则需要反复考虑,或经过试玩来调整,以确保游戏规则的合理。如小班听觉游戏"听一听"的游戏规则:只通过对声音的辨别进行判断,不借助任何其他手段。

6. 游戏建议的设计。

游戏建议包括:材料的使用要求及注意事项,游戏的其他玩法,游戏可能会产生的结果。如小班表演游戏"拔萝卜"的游戏建议为:在语言角与表演角投放头饰与指偶,幼儿自主表演故事主要内容。

(二)提供游戏材料

评判一个游戏活动对幼儿是否有益、是否能够促进幼儿发展,游戏材料的提供是很重要的考核指标之一。游戏材料的选择可以从适宜性、层次性、可探究性等来考虑材料的投放有效性。幼儿在游戏中可否有丰富的游戏材料可选及自选程度的高低,直接影响游戏活动的针对性与积极性。因此,一方面教师提供丰富的材料,另一方面教师还要根据实际情况适时添置新的材料。

(三)创设游戏环境

创设游戏的物质环境,提前为幼儿布置好游戏的场地,有助于幼儿行为的推进。场地要适合不同游戏的特点而设,要求做到既有幼儿充分的游戏活动空间,又利于游戏的顺利开展。

良好的心理环境可促使幼儿积极向上、心理健康发展。游戏的心理环境主要是指游戏的氛围、游戏中的师幼关系与同伴关系。游戏的氛围应宽松、自由,能让幼儿保持积极愉悦的心情,大胆尝试,勇于表现,享受游戏乐趣。游戏的师幼关系应民主、平等,同伴关系应友好、愉快。

二、指导幼儿游戏

(一)指导幼儿游戏的原则

1. 理解和尊重幼儿。

首先,要理解和尊重幼儿的发展特点。教师一定要对不同年龄班幼儿发展的阶段特点有清晰的把握,尊重幼儿发展的特点,才能采取科学性的指导,促使幼儿在游戏中按照自己的速度和节奏获得发展。

其次,理解和尊重幼儿的个别差异。幼儿的个体差异主要体现在:发展水平的差异、能力倾向的差异、学习方法的差异和原有经验的差异。在充分理解和尊重幼儿差异的基础上,善于发现每位幼儿的"最近发展区",因材施教,努力使每一个幼儿都能在游戏中获得满足和成功。

2. 立足于幼儿长远发展。

教师对幼儿游戏行为的指导不仅要满足幼儿当前的需要,更要着眼于幼儿长远的发展,注重幼儿良好品质的培养,促进幼儿积极情感和态度、社会性交往能力、学习能力、思维能力、解决问题能力等方面的全面发展。

3. 把握游戏指导的时机。

把握幼儿游戏指导的恰当时机,可以促进游戏的良性发展,培养幼儿良好的游戏行为及品质。指导的时机取决于两个因素:一是教师的期待,主要是指教师所期望的游戏水平、游戏态度和游戏体验等;二是幼儿的需求,主要是指幼儿的游戏行为是否自然顺畅,是否需要帮助。

4. 公平地对待每个幼儿。

教师在进行游戏指导时,应力求公平、公正,一视同仁。教师应该在关注个体的同时,也要关注幼儿集体。将关注每名幼儿的理念在指导中得以落实。

（二）幼儿游戏干预的时机与指导的方法

1. 幼儿游戏干预的时机。

（1）当幼儿在游戏中遇到困难、挫折时。如新材料的使用、某方面技能的缺乏、社会性交往技能不足等，这时，教师应给予幼儿及时的引导。

（2）当幼儿在游戏中有不安全的行为倾向时。如"娃娃家"游戏时，幼儿可能会把假水果当真的来吃，这时教师应立刻制止。在体育游戏中，当某些动作行为危及幼儿的安全时，也应立刻停止游戏。

（3）当幼儿在游戏中主动寻求帮助时。教师应以游戏参与者的身份加入幼儿的游戏。如建构游戏中公铁两用桥的搭建，尝试很多次都没成功围合时，幼儿寻求教师的帮助，教师可用设计图引导幼儿进行搭建。

（4）当幼儿在游戏中出现过激行为时。游戏中如果幼儿出现玩具材料的争抢，个别幼儿不能遵守游戏规则，导致他人不能正常进行游戏时，教师可立即介入游戏，解决游戏中的冲突。

（5）当幼儿在游戏中出现不符合社会规范的消极内容时。如玩打麻将、脱裤子打针等，教师发现这些情况应干预并适当进行引导。

2. 指导幼儿游戏的方法。

（1）语言指导。

① 发问：教师通过语言指导介入幼儿的游戏，主要用于了解幼儿游戏的现状及幼儿的具体想法或进行启发引导等。亲切平和询问游戏中存在的问题，如"你们会煮火锅吗？煮火锅需要哪些材料？"引导幼儿先想再做，有目的地进行游戏。

② 提示：当幼儿遇到困难或不知所措、缺乏目的时，教师用一两句简单的建议性提示，帮助幼儿明确想法，促进游戏顺利开展。如"娃娃家"的爸爸无所事事时，可以通过语言提示引导："宝宝好像肚子饿了，我们给他做点吃的吧。"教师语言提示，游戏得以继续下去。

（2）行为指导。

① 身体语言：教师利用动作、表情、眼神等对幼儿游戏行为作出反馈。当幼儿在游戏行为中做得好的时候，教师的一个眼神，一个动作都是对幼儿游戏的莫大的鼓励与支持。

② 动作示范：游戏中，幼儿出现某种技能的缺少时，教师可以以游戏者的身份参与幼儿的游戏，进行隐性示范。教师尽量接近幼儿，与幼儿玩同一玩具，两者之间并不互动，教师也不干扰幼儿的游戏。其目的只是为幼儿提供行为的范型。

（3）添置材料。

在幼儿游戏中缺少材料时，教师可以提示幼儿在哪里找需要的材料，也可以鼓励幼儿寻找替代品来继续游戏。教师在观察幼儿游戏的过程中，还可以根据幼儿的需要及时调整材料，添加更符合幼儿游戏需要的材料。

案例1　　　　　大班体育游戏：躲避螺旋桨

视频

躲避螺旋桨

游戏目标

1. 学习用脚背或脚弓把足球踢出对方的防守区域，提高身体的灵敏性及躲闪能力。

2. 在充满情趣的游戏情境中积极探索、尝试，掌握躲闪与追逐的方法。

3. 善于思考与观察，遵守游戏规则，体验团队合作游戏的快乐。

游戏准备

1. 经验准备：幼儿已了解踢足球的基本动作。

2. 物质准备：高台3个、波塑料棒3根、标志筒5个、足球若干、标志盘若干、《贪吃的小蛇》《快乐拍手歌》音乐。

游戏过程

1. 热身活动。

（1）游戏：贪吃蛇大作战。

游戏玩法：幼儿随机站立，教师指定一名幼儿扮演蛇，其余幼儿扮演小豆子，听到音乐开始时，蛇迅速出发去吃小豆子。游戏时注意避开活动场地中间的障碍物，直至所有小豆子被蛇吃掉。

游戏规则：游戏时要避开活动场地中的障碍物，如若碰到障碍物要从头开始。

（2）游戏：贪吃蛇对抗赛。

游戏玩法：两名幼儿扮演蛇，听到音乐开始时，两条蛇同时出发，比一比哪条贪吃蛇吃的小豆子最多，吃的小豆子最多的贪吃蛇即为胜利。

游戏规则：游戏时要避开活动场地中的障碍物，两条蛇不能相互推诿。

2. 回忆生活经验，了解螺旋桨。

（1）提问：小朋友看见过直升机吗？直升机顶上有什么？螺旋桨是什么样子的？

（2）幼儿自由讨论交流，师幼共同总结螺旋桨的特点。

3. 游戏：躲避螺旋桨。

（1）教师示范讲解游戏玩法和规则。

教师站在高台上模拟螺旋桨，随机甩动波塑料棒，幼儿观察波塑料棒甩动的方向、空间位置，利用距离差或时间差将游戏任务完成。注意在完成游戏任务的过程中要躲避波塑料棒。

（2）幼儿集体游戏。

教师将幼儿平均分为两组，两组轮流游戏。

① 幼儿初步感知游戏玩法。

游戏玩法：把标志盘摆放在高台周围，教师指导并鼓励幼儿利用波塑料棒甩动的时间间隔、空间距离，迅速靠近高台捡起地上的标志盘跑回起点处。

游戏规则：被波塑料棒击中的幼儿需站立在原处不动，直到下一轮游戏开始。

② 游戏难度升级。

游戏玩法：将足球放在标志盘上，三名幼儿站在圆圈中心高台上甩动螺旋桨，教师指导幼儿判断螺旋桨甩动的轨迹，抓住时机把场地上的足球踢走。

游戏规则：幼儿只能用脚把球踢走，被波塑料棒击中后需站立在原处不动，直到下一轮游戏开始。

③ 游戏难度进一步提升。

游戏玩法：三名幼儿站在圆圈中心高台上甩动螺旋桨，其他幼儿抓住时机跑到圈内用脚背或者脚弓把球踢回到起点,注意躲避螺旋桨,不要被螺旋桨击到。比一比,哪一组踢回的足球多,多者获胜。

游戏规则:幼儿只能用脚背或者脚弓把球踢走,被波塑料棒击中后需站立在原处不动。

4. 放松整理。

(1) 播放音乐《快乐拍手歌》,教师带领幼儿原地轻踏步,跟随歌曲拍拍小手,踩踩小脚,调整呼吸、调节情绪。

(2) 收拾器械。幼儿将球收纳进足球筐中,其他器械归位放好,在收纳的过程中注意安全。

游戏建议

在日常体育活动中踢足球,掌握足球的基本动作,提高动作的连贯性、准确性以及灵活性。

(活动设计:湖南省衡阳市实验幼儿园　王晨艳　祝洁)

案例 2　　　　　小班智力游戏:扑克牌排队

视频
扑克牌排队

游戏目标

1. 喜欢玩扑克牌排队的游戏。

2. 能遵守游戏规则,正确看待游戏结果。

3. 理解 1~5 的数量依次多 1 的递增关系,知道按从少到多的顺序排扑克牌。

游戏准备

1. 经验准备:已认识 5 以内的数字,能通过一一对应的方法比较两组物体的多少。

2. 物质准备:1~5 大扑克牌 5 张,1~5 小扑克牌 3 套,扑克牌胸卡人手 1 个,贪吃小蛇头饰 3 个,摸箱 3 个,《贪吃的小蛇》音乐。

游戏过程

1. 实物导入,激发兴趣。

师:今天,老师带来了一个好玩的玩具,小朋友们猜一猜,会是什么呢?(出示扑克牌)

2. 第一次游戏:翻扑克牌。

玩法:将扑克牌反贴在展示板上,请 2~3 名幼儿任意翻牌,并说出自己翻出的是数字几。翻完所有的扑克牌后,请幼儿将扑克牌按从少到多的顺序进行排队。

规则:每个幼儿一次只能翻一张扑克牌,直到把所有扑克牌翻完为止;必须按照从少到多的顺序进行排队。

3. 第二次游戏:看谁出得对。

玩法:5 名幼儿为一组,摸箱里放数量为 1~5 的一套扑克牌,幼儿轮流从摸箱里摸扑克牌,一名幼儿摸一张扑克牌。然后幼儿轮流出牌,一名幼儿先出 1 张最小的牌,其他幼儿轮流出牌,要求后面出的牌要比前面的数多 1,按从少到多的顺序给扑克牌排队,看谁出得对。

规则:幼儿摸扑克牌时一次只能摸一张,按照从少到多的顺序轮流出牌,共同检查扑克牌排队的顺序。

4. 第三次游戏：贪吃的小蛇。

玩法：3 人扮演"贪吃蛇"，其他人扮演"扑克牌"，"蛇"要按从少到多的顺序吃"扑克牌"，被吃到的"扑克牌"要排到"蛇"的后面，依次排队，变成一条长长的"蛇"。

规则："蛇"要按从少到多的顺序吃"扑克牌"，"扑克牌"被吃到后要迅速排到"蛇"的后面。

5. 游戏结束。

（1）评价幼儿游戏表现：小朋友们可厉害了，都能按从少到多的顺序给扑克牌排队。

（2）找出幼儿游戏的不足，提升幼儿玩游戏的经验。如：小朋友在玩扑克牌时，要遵守出牌的规则，不要争抢。

师：今天，我们玩了给扑克牌排队的游戏，扑克牌还有多种玩法。现在，我们把扑克牌送到科学区，小朋友们可以用更多的方法玩扑克牌。

游戏建议

1. 熟悉玩法和规则后，如果幼儿能轻松完成该游戏，可以将扑克牌的点子数量扩大到 5 以上。

2. 投放不同颜色、图案的扑克牌到科学区，让幼儿玩扑克牌分类游戏。

（活动设计：湖南省衡阳市蒸湘区衡钢幼儿园　倪晓连）

视频

听声音辨动物

案例3　　　中班智力游戏：听声音辨动物

游戏目标

1. 在倾听、辨别的过程中体验与同伴游戏的快乐。

2. 能根据动物声音快速做出判断，并能说出动物的数量。

3. 理解 10 以内数字表示的数量意义。

游戏准备

1. PPT 课件、动物图片。

2. 音频资料：动物管理员音频，小猫和小狗音频。

3. 幼儿对有关动物的声音比较熟悉。

游戏过程

1. 情境导入，激发幼儿兴趣。

师：在美丽的农场，有很多可爱的小动物，这些可爱的小动物们每天都会发出不同的声音，农场管理员叔叔特别厉害，他一听到小动物们的叫声，就知道是什么动物，有几只。刚刚他向我们发出了邀请，请我们去农场玩闯关游戏。

2. 第一次闯关游戏：看图辨动物。

游戏玩法：教师播放动物图片，幼儿根据图片上动物的数量做相应数量的动作，发出相应数量的声音。

规则：幼儿模仿的动物动作、声音次数，要与图片上动物的数量一致。

3. 第二次闯关游戏:听声找朋友。

(1)教师发出指令,幼儿游戏。

游戏玩法:教师模仿动物发出相应数量的声音,幼儿根据教师发出的动物的叫声,快速判断动物的数量,找到相应数量的好朋友抱团,并发出相应数量的动物叫声。教师与幼儿共同检查游戏结果。不能找到朋友的幼儿,模仿一种动物的声音,并说出相应的数量。

规则:抱团的好朋友数量要与教师发出的动物的叫声数量一致。不能找到朋友的幼儿,需模仿一种动物的声音,说出相应的数量。

(2)幼儿自主创编指令游戏,教师巡回指导。

幼儿自主创编指令游戏,玩法同上,教师巡回指导。

4. 第三次闯关游戏:动物连连看。

游戏玩法:幼儿两人一组,分工合作,一人操作图卡,一人操作数卡。教师播放小猫、小狗音频,幼儿根据听到的动物的叫声,快速判断动物的名称、数量,在提供的操作材料中找出相对应的图卡和数卡,操作结果与动物的叫声的指令相对应才算成功。

游戏规则:幼儿必须听完指令后才能行动,图卡和数卡要与动物的叫声的指令相一致。

5. 游戏结束。

(1)评价幼儿游戏表现:小朋友们可厉害了,都能快速判断动物的名称、数量,并用叫声准确地表示数量。祝贺小朋友们闯关成功!

(2)找出幼儿游戏的不足,提升幼儿玩游戏的经验。

(3)情境结束:动物管理员叔叔要将所有的小动物带回农场,请小朋友们帮忙送小动物们。现在,我们一起去送小动物回农场吧!

游戏建议

1. 鼓励幼儿自己创编游戏,将动物的名称由 2 种增加到多种,丰富幼儿对数量的感知。

2. 游戏刚开始时,教师发出动物叫声的速度要慢,然后逐渐加快速度,发展幼儿快速数数的能力。

3. 在幼儿创编游戏时,鼓励他们大声说出动物的数量,如"3 只小猫,喵喵喵"。

(活动设计:湖南省衡阳幼儿师范高等专科学校附属幼儿园 罗阳、王小雨)

案例 4 大班户外体育游戏实录

视频
大班户外体育游戏实录

案例 5 大班表演游戏:动物职业介绍所

文案
动物职业介绍所

视频
动物职业介绍所

案例6 **中班大型主题角色游戏：七七八八潮品店**

文案

视频

七七八八
潮品店

七七八八
潮品店

案例7 **大班大型主题角色游戏：衡钢影楼**

文案

视频

衡钢影楼

衡钢影楼

任务四　组织幼儿园区域活动

学习目标

1. 掌握幼儿园班级区域规划与设置的要求。
2. 能紧扣主题设计与组织班级区域活动。

学习内容

一、做好班级的区域规划与设置

区域活动是幼儿园教育活动的一种重要形式，也是幼儿园和小学在活动形式上的重要区别。不同年龄班的幼儿发展水平不同，他们的兴趣需要也不一样。在规划活动区时，实习生应在教师指导下，在沿用班级区域规划的基础上，根据幼儿的年龄特点、生活经验、兴趣及能力等因素，设置各年龄班区角以及各区角的游戏内容。

（一）班级区域的规划

1. 小班区域规划。

小班幼儿的区域活动主要以体验、感知及生活能力的学习为主，侧重于兴趣和生活技能的发展区域规划应贴近幼儿的生活环境，吸引幼儿参与游戏。可选择设置语言区（图书区、视听区、表演区等）、数学区（图形区、分类排序区等）、科学区（水、电、磁实验区等）、美工区（涂鸦区、泥工区、粘贴区等）、建构区（积木区、积塑区等）、生活区（插花区、包装区等）、角色区（娃娃家、餐厅等）。

2. 中班区域规划。

中班幼儿的区域活动主要以表达、交往、操作作为游戏和活动的主线。可选择设置语言区(视听区、表演区、图书修补区等)、数学区(图形区、分类排序区、智力游戏区等)、科学区(电、磁、光影实验区等)、美工区(绘画区、泥工区、粘贴区等)、建构区(塑形、设计区等)、烹饪区(食品加工区、糖果区等)、综合角色区(医院、银行等)。

3. 大班区域规划。

大班幼儿的区域活动更多关注幼儿的探究需求以及创造力的培养。可选择设置语言区(阅读区、文字区、图书修补区等)、数学区(分类排序区、智力游戏区、棋类区等)、科学区(电、力、光影实验区,生命科学区,地球与空间科学区等)、美工区(绘画区、泥工区、剪纸区、编织区等)、建构区(塑形、设计区等)、表演区等。

(二)班级区域的设置

根据《指南》中对各年龄班幼儿的五大领域提出的发展目标及教育建议,各年龄班应根据五大领域规划各个区角,但任一区角都不是单一对应、指向某一发展领域的。幼儿进入任一区角游戏,教师都应尽可能地创造条件促进其全面发展。因此,在创设各区角时,都需充分考虑与五大领域的融合。在设置区角时,实习生应注意以下几点。

1. 注重年龄班的差异性。

各年龄班可以根据班级场地布局、幼儿年龄特点以及幼儿的兴趣需要创设区角。在区域规划和材料的选择上,体现出多样性和层次性。3～4 岁幼儿的区角以适合个体游戏、满足反复摆弄的小区角设置为主;4～5 岁幼儿的区角设置以满足幼儿结伴游戏为主,材料多选择低结构材料;5～6 岁幼儿的区角设置可加大挑战难度,鼓励分工合作,深入游戏环节,拓展经验,提升能力。

2. 合理划分区角,动静分开。

各个区角的设置,要根据游戏内容的需要选择合适的场所,如绘画区、泥工区、水实验区等要选择在离水源近的地方;建构区、木工区、涂鸦区需要较为宽敞的场地;阅读区、智力游戏区设置在安静的场地;自然角和饲养角可利用走道或窗台设置。

设置封闭、半封闭或开放性的不同区域空间,动静分开,避免相互干扰。如角色区、建构区、表演区、手工区等,幼儿需要互动、表演,可以设计为开放或半封闭空间,便于幼儿自由出入;数学区、科学区、语言区等需要相对封闭的空间设计,保证幼儿不被干扰,能安静专注地活动。

3. 设置小隔断,提供展示的墙面或展示架。

为避免各个小区角环境过于死板,应巧妙利用地面的物品柜、玩具架、地毯、沙发等家具,空间的垂吊饰物及各类 KT 板、PVC 管等做成展板、隔断,通过高矮搭配、不同摆放方向、摆放位置等,划分班级区角。

有的小区角需要留出一定的墙面,便于幼儿展示自己的平面作品。如绘画区、剪纸区、拓印区。有一些小区角需要预留出展示架,便于幼儿展示自己的立体作品,如泥工区、手工区等。还有一些区角需要留出小部分地面,用来摆放幼儿比较大型的作品,如建构区、涂鸦区等。此外,有必要在区角的墙面或柜子边、材料架上张贴流程图、操作指引图、安全提示图等,以便可以通过温馨提示自主与环境互动,提高解决遇到的挑战及问题的效率。

4. 提供丰富适宜的操作材料。

幼儿是在与材料的相互作用中不断发展的,区角活动的教育功能主要通过材料来体现。与幼儿的年龄特点、经验、能力、需要相适应的材料可激发幼儿学习主动性,促使其在民主、开放的环境中主动观察、独立思考、发现并解决问题。因此,在区角材料投放时应高、低结构材料相结合,材料应具有多功能性、可操作性、层次性。

二、班级区域活动的组织

区域活动的组织可采用"计划—工作—回顾"三个环节展开,即幼儿先根据自己的兴趣点设计活动,然后贯彻实施他们的想法,最后反思他们做了什么事以及从中学到了什么。实习生需掌握每个环节特有的组织策略,给幼儿创设更多的自主计划、安排选择、交流的机会。

(一) 计划环节

区域活动中的"计划"是幼儿表达他们想在区域活动中使用的材料、开展的行动以及对有关的人和观点的思考。有计划行动的幼儿在游戏中更有目的性。为使计划环节有效开展,应从以下方面着手。

1. 安排计划的场地。

制订计划的场所可以选在活动室里一个相对较大的场地,也可以选在活动室里的一个活动区。制订计划时,幼儿座位安排可依据人数的多少、场地的大小采用马蹄形、双弧形、扇形等。

2. 使用适宜的计划板。

计划板是便于幼儿展现他们的计划,反映幼儿在区域活动中即将要进行或实施的活动的记录板。计划板一般利用磁性白板或 KT 板制作。各年龄班在计划板的呈现方式上有所不同。例如,小班以区域场景图片为主的方式呈现,中班以图片结合文字的方式呈现,大班以文字为主的方式呈现。

3. 灵活选择做计划的方式。

一般做计划的方式有三种。一是幼儿自主做计划。教师利用早餐后的时间,让幼儿根据自己的计划在计划板上贴牌或标志来做出选择。二是团体分享计划。教师组织全班幼儿共同制订计划,并围绕同一内容展开交谈。三是小组讨论计划。由一名教师和6~8 名幼儿组成计划讨论小组,教师帮助幼儿完善他们的计划。

4. 向幼儿介绍材料、玩法。

利用做计划环节,教师向幼儿介绍材料的操作方法、游戏的玩法和核心经验,有时还需要重点介绍材料的操作记录单和游戏的注意事项。对于一些新投放的有一定操作难度和规则要求较复杂的材料,教师可以通过示范或演示的方法介绍材料的名称、操作方法、玩法提示及注意事项。有的材料可以通过操作流程图的方式间接介绍操作方法和步骤,幼儿就像看产品说明书一样看操作流程图的提示进行自主操作。教师也可以提供范例或把操作方法录制成视频,幼儿通过观看了解玩法及操作过程。

(二) 工作环节

幼儿按照自己的工作计划进入工作的环境之中,幼儿是否进入工作状况,可以从几个方面来观察。

1. 幼儿是否自主选择游戏材料和玩伴。

区域活动时,幼儿充分享受自主权。可以依照计划进入想要进行游戏的小区角,选择自己想要进行探究或互动的材料,有自主选择和更换玩伴的权利,在与不同的玩伴共同游戏的过程中,社会性得到了发展。

2. 幼儿是否自主进行游戏。

区域活动是自主游戏活动。在活动中,幼儿可以自主选择活动区角,赋予材料不同的玩法,大胆创造和表达,尝试解决问题或矛盾。幼儿可根据自己意愿和区域实际情况调整自己的游戏,在游戏中探究性学习,获得发展。此外,游戏持续的时间可长可短,幼儿可以自主把控。

在工作环节,教师应注意营造愉悦轻松的氛围,保证幼儿充足的游戏时间,支持幼儿自由、自主地结伴游戏。观察和记录幼儿自主游戏过程,根据幼儿的游戏需要调整材料,并提供适宜的支持,引导幼儿游戏向更高水平发展。

(三) 回顾环节

回顾环节就是幼儿回想和思考在区域中的活动及活动中的学习和发现,提升经验,建构认知。回顾的内容包括:幼儿在区域活动中做了什么? 在游戏中有什么发现?(有趣的或特别的现象)遇到什么困难或矛盾? 是怎么解决的?(经验或方法)……

在组织幼儿回顾时教师应注意:在平静、舒适、放松的环境中与幼儿一起回顾。回顾以幼儿为主体,鼓励幼儿学会分享创意与成功,针对出现的问题进行集体讨论。可借助作品、照片、录像及表征的方式帮助幼儿回顾,获得经验,感悟快乐。

案例1　　大班主题活动"我要上小学了"单次区域活动计划

总目标

1. 制订自己的区域活动计划,并主动和同伴分享。
2. 按计划有序进行区域活动,操作时认真、专注,遵守活动规则及要求。
3. 同伴之间相互谦让、相互合作,遇到困难能积极寻求解决方法。

各区域活动目标

1. 语言区

(1)尝试选择不同的图书修补工具,根据"流程图"对破损的图书进行修补,具有爱护图书的意识。

(2)根据修补图书的故事情节续编或创编故事,利用绘画等多种形式进行表征,将其与破损的图书装订在一起组成完整的故事,提升表征的能力。

2. 科学区

(1)了解生活中常见的测量工具,学习使用常用的测量工具对可以量化的物体进行测量。

(2)尝试使用符号表达的方式记录测量结果,并进行比较。

3. 美工区

（1）尝试用绳、线、纸条、自然物等材料，按照一定的规律进行编织。

（2）探索不同的编织方法，提高动手能力，感受编织的乐趣。

4. 角色区

（1）在文具店的游戏情境中体验工作人员的劳动，积累社会经验。

（2）在游戏互动中认识学习用品，知道它们的用途，学习整理、摆放文具用品的方法，学习自己整理文具，增强做一名小学生的愿望。

5. 建构区

（1）围绕"美丽小学"主题，根据搭建小学任务图示，合理布局小学，建构小学的基本形态，体验动手操作的乐趣。

（2）能利用纸盒、易拉罐、积竹等材料和同伴合作搭建小学里的基本设施和建筑物。

（3）在建构过程中，能有序使用、摆放材料，养成良好的操作习惯。

区域创设及材料投放

1. 语言区

（1）图书修补（制作）工具：剪刀、胶（固体胶、胶水、透明胶等）、纸（白纸、卡纸等）、笔（水彩笔、油画棒、彩铅等）、卷笔刀、橡皮擦、尺子、订书机、打孔机、铅笔等，自制图书范本一本。

（2）在区角小墙面上张贴修补图书流程图。

2. 科学区

（1）自然测量工具（长短不一的棍子、绳子）、温度计（体温计、气温计、水温计）、称重工具（天平秤、电子秤、弹簧秤）、长度测量工具（塑料尺、钢卷尺、布卷尺）、容积测量工具（量杯、量勺）。

（2）纸、笔、记录单、笔记本。

（3）各种测量材料：水（冷水、热水）、书本、围巾、大豆、橡皮泥、球（棒球、塑料球、乒乓球）、玩具娃娃等。

3. 美工区

（1）利用墙面制作编织版面，张贴编织操作流程图。

（2）各种纸条（报纸条、彩色纸条、皱纹纸条、海绵纸条等）、各种布（棉布、麻布、绸布、彩色胶布等）、各种绳（麻绳、棉绳、塑料绳、鞋带、毛线、皮筋等）、各种针（棒针、毛线针等）。

（3）工具：剪刀、穿线板、编织板、彩笔。

（4）成品编织范例，作品展示架。

4. 角色区

（1）设置一个文具店窗口，摆放文具用品柜台。

（2）书包、绘本、文具盒、练习本、笔记本、各种类型的笔、橡皮擦、计数小棒、挂图、仿真游戏纸币、文具摆放流程图等。

5. 建构区

（1）在幼儿园公共门厅，利用墙面空间和移动展示架，展示小学规划设计图、操作流程图。

(2) 各类结构材料(大小不一的积木、积竹等)、各类辅助材料(花、草、树、标识、路灯卡片)、废旧材料(易拉罐、奶粉罐、纸盒、矿泉水瓶、硬纸板、纸筒)等。

活动流程

1. 制订个人区域游戏计划。

(1) 幼儿自由观看区域材料变化。

(2) 幼儿讨论,分享今日区域游戏计划,教师了解幼儿的计划。

2. 自主选区,进区活动,实施计划。

(1) 幼儿按自己的计划进区活动,如遇个别区域人数超标,鼓励幼儿自主协商,调整进区计划。

(2) 教师观察,介入指导重点。

① 语言区:修补图书。与幼儿一起讨论修补图书的方法。幼儿观看图书修补流程图,自主选择工具和材料,正确使用工具修补图书。尝试和同伴一起动手将图书中破损的故事内容补充完整,并分享图书内容。

② 科学区:测量。观察幼儿测量过程中出现的情况,提供适时的帮助和指导(如提供秤和辅助材料,让幼儿选用合适的工具给物品称重,比较轻重)。向幼儿介绍如何使用记录表格,帮助幼儿掌握科学的记录方法。测量中鼓励幼儿使用一些比较词汇,如比某某重、轻,最大、最小等。引导幼儿选择合适的测量工具,进行正确的测量。

③ 美工区:手工编织。给幼儿介绍编织的材料和工具,引导幼儿正确地使用各种编织材料,初步掌握编织工具的使用方法。指导幼儿掌握编织的方法(如用交错编织的方法编辫子,学习蝴蝶结、八字结等打结方法,尝试系鞋带和系裙带),提示幼儿看操作流程图进行操作,鼓励幼儿相互学习分享经验。

④ 角色区:文具店。重点观察扮演导引人员询问顾客是否需要帮助,带领顾客选购文具。扮演顾客在柜台选购文具,根据流程图整理、摆放文具用品。

⑤ 建构区:美丽小学。与幼儿一起规划所要搭建的小学,观察幼儿是否根据搭建的内容选择搭建材料。观察幼儿游戏的情况,对幼儿在规划、设计和选择材料方面出现的问题,给予一些建议。提示幼儿根据场景需要添加辅助材料,将单个作品进行衔接组合,形成美观、有整体感的小学。

3. 分类展示作品,有序收整材料。

(1) 将作品在陈列区分类摆放好。

(2) 按照指示图卡分类收整材料:半成品类放筐内,有待再利用。其他区域材料有序分类、整齐摆放。

4. 回顾计划与实施,交流分享经验。

(1) 5~6 名幼儿分享计划完成情况。

提问:你是怎样完成今天计划的? 有没有遇到困难? 大家有什么建议?

(2) 5~6 名幼儿分享游戏经验或新发现。

提问:你有什么新玩法和新发现和大家分享?

(3) 教师归纳总结。

活动建议

1. "我上小学了"主题旨在激发幼儿对小学的向往,鼓励幼儿动手动脑、大胆表现、积极探索、乐于创造,因此区域活动应紧紧围绕主题内容进行设计,教师应尊重幼儿的创造性思维,营造宽松、自由的创造氛围。

2. 教师可以根据地域的不同特点,选择、收集、投放多种自然材料,供幼儿操作、探究、表现。

3. 本次活动在总结回顾环节,尽可能选择特别具有代表性的问题进行集体回顾。教师可以利用幼儿区域活动时的作品、抓拍到照片以及表征记录等,更加直观地引导幼儿把自己的做法、想法表达出来。

（区域活动设计:湖南省衡阳幼儿师范高等专科学校附属幼儿园　杨靓）

| **案例 2** | **大班自然角活动:种豆豆** |

种豆豆　　　　　　　　　　种豆豆

| **案例 3** | **大班主题区域活动　多彩雁城** |

多彩雁城　　　　　　　　　多彩雁城

视频

幼儿园区域
活动的组织
与指导

| **案例 4** | **幼儿园区域活动的组织与指导** |

项目三　幼儿园班级工作

项目介绍

班级工作实习是学前教育专业学生教育实习的重要组成部分,是对实习生教育思想、知识水平和教育教学能力的综合考量。本项目主要介绍班级工作计划的制订和班级各项工作实施的内容与要求,实习生需在指导教师指导下,掌握班级工作的重点,尝试制订班级工作实习计划,掌握班级工作的流程和提升班级工作的能力。

项目导航

```
                        ┌── 班级工作实习计划的制订
                        │                              ┌── 生活管理
                        │                              │
幼儿园班级工作 ──────────┤                              ├── 教育管理
                        │                              │
                        └── 班级工作实施的内容与要求 ──┤
                                                       ├── 安全管理
                                                       │
                                                       └── 家长工作管理
```

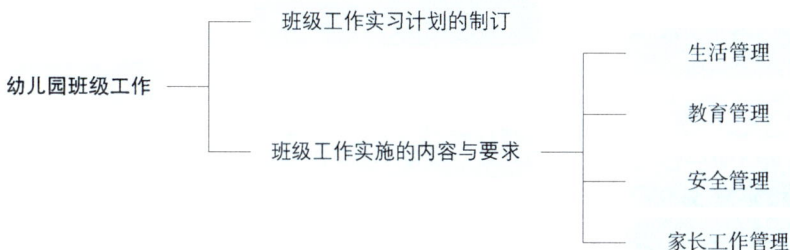

任务一　班级工作实习计划的制订

学习目标

1. 掌握幼儿园班级工作实习计划的基本结构和主要内容。
2. 能尝试制订班级工作实习计划。

学习内容

班级工作实习计划的基本内容包括引言、班级基本情况分析、班级工作实习的目标、班级工作实习的主要任务及措施、班级工作实习的具体安排五个部分,实习生可在指导教师的指导下尝试制订班级工作实习计划,其主要内容如下。

一、引言

主要包括实习幼儿园、实习班级的名称,实习时间和实习小组成员分工等内容。

二、班级基本情况分析

主要介绍实习班级教师的基本情况和幼儿基本情况,幼儿的基本情况包括幼儿的人数及男女比例构成,分析幼儿在学习、生活、游戏和运动等方面的发展情况。

三、班级工作实习的目标

主要介绍实习生将针对班级实际情况,梳理出实习工作的具体目标。内容表述要有条理、清晰明了、具有科学性。

四、班级工作实习的主要任务及措施

主要介绍实习生将针对班级实际情况,在实习期间拟开展哪些工作,采取什么工作方法和措施,来实现班级工作实习的目标。

五、班级工作实习的具体安排

综合班级实习工作的目标和主要任务两项内容,逐周安排,包括周次、工作内容、执行人或主持人等内容。形式多为条款式或列表式。

附：实例　　××幼儿园小三班班级工作实习计划

实习时间:2021 年 5 月 10 日～2021 年 6 月 18 日(共 6 周)

实习小组成员及分工:×××(主要协助配班和保育老师做好班级常规和保育工作);×××(主要协助主班老师做好班级教学和家长工作)

一、班级基本情况分析

(一) 教师基本情况

1. ××教师:小班年级组长,本班班主任,本科学历,教龄 18 年,幼儿园优秀骨干教师,全面负责本班的教育教学、家长工作。

2. ××教师:配班教师,大专学历,教龄 6 年,幼儿园优秀青年教师,主要负责本班的班级常规及教学工作。

3. ××教师:保育教师,高中学历,教龄 15 年,幼儿园优秀保育教师,主要负责本班的保育工作。

(二) 幼儿基本情况

1. 组成情况:本班共 28 名幼儿,女孩 12 名,男孩 16 名,6 名幼儿年龄偏小,班级有 2 名留守儿童,其他均由父母养育,大部分幼儿由老人接送。

2. 幼儿发展情况。

(1)生活能力:幼儿的自理能力较好,大部分幼儿能够自主喝水、如厕,穿脱简单的衣物鞋袜,进餐习惯、午睡习惯和物品整理习惯总体良好,但少数幼儿仍存在挑食、进餐慢,午睡入睡晚、入睡难,整理意识缺乏等问题。

（2）身心状况:大部分幼儿身体素质良好,对体育活动兴趣浓厚,学习了"动物模仿操""爱上幼儿园"等幼儿操,能够听简单的指令并做出相应的反应,基本动作得到发展。幼儿的情绪总体比较稳定,基本能在成人的安抚下平复情绪。但幼儿的能力存在较大差异,少部分幼儿身体协调性较差,其中个别幼儿体质较弱,另外也有少部分幼儿容易情绪化,喜欢生气,消极情绪较难舒缓。

（3）认知发展:幼儿能坚持说普通话,语言表达能力得到发展,倾听的意识增强,大部分幼儿能主动表达自己的意愿,并在成人的提醒下使用恰当的礼貌用语,喜欢看图书、听故事。求知欲较强,经常问各种问题,喜欢用多种感官探索周围世界,能够初步区分物体的大小、多少、高矮、长短,知道1和许多的不同,大部分幼儿能手口一致点数4以内的物体,数概念得到一定发展。喜欢自然界中的美景,喜欢听音乐、唱歌、表演、做手工、画画、跳舞,有较强的表现欲望和一定的表现能力。但少部分幼儿专注力不够,学习探究中容易因困难而退缩。

（4）社会性发展:大部分幼儿适应了幼儿园生活,度过了入园焦虑期,愿意和小朋友一起游戏。在成人的提醒下能基本遵守集体规则,爱护玩具和图书,自己的事情自己做,愿意为集体和同伴服务,喜欢承担一些小任务,大部分幼儿能在教师的引导下与同伴友好相处。但部分幼儿缺乏同伴交往的技巧,时常因为玩具、图书发生冲突,且少数幼儿假期返园仍会出现较明显的分离焦虑现象。

二、班级工作实习的目标

1. 掌握班级的一日工作流程,尝试根据小班幼儿的身心发展特点,科学合理地安排幼儿的一日活动。

2. 掌握班级保教工作的要点,在班级教师的指导下参与班级保育和教育教学工作。

3. 掌握班级安全工作的要点,在班级教师的指导下参与班级安全工作和卫生工作。

4. 掌握班级日常工作的要点,在班级教师的指导下参与班级一日生活常规和一日教育活动常规的管理。

5. 掌握班级家长工作的要点,在班级教师的指导下参与班级家长工作的开展。

6. 掌握班级人际关系建立的要点,加强沟通,主动积极地与幼儿、同事、家长建立良好的关系。

三、班级工作实习的主要任务及措施

1. 树立观察学习意识,积极参与本班的卫生和消毒工作,科学照料和管理幼儿生活,配合教师组织教育活动,严格执行幼儿园安全、卫生保健制度;了解幼儿园教师工作的性质和教师的职责,增强自身对幼儿教育工作的认识;认识游戏在幼儿生活中的重要意义,初步学会组织幼儿游戏的方法;了解幼儿园教学的特点,学习掌握组织幼儿教学活动的基本方法;掌握幼儿园环境创设的要点,为幼儿创设良好的教育环境。

2. 善于观察,主动学习,积极反思,了解班级安全、卫生管理的意义和基础知识。在教师指导下开展安全教育活动,指导幼儿养成一日生活中的安全意识和自我安全防范的能力;了解班级突发事件安全管理的意义,掌握应对幼儿园班级突发事件的方法,尝试在指导下制定幼儿园班级突发事故应急预案。

3. 虚心学习,主动求教,了解一日生活常规和一日教育活动常规的工作内容、流程,掌握一日生活常规和一日教育活动常规的基本知识,在教师指导下掌握班级一日生活常规和一日教育活动常规工作中的管理技巧,养成良好的班级日常工作习惯。

4. 勤于钻研,乐于沟通,在教师指导下参与家长工作,协助班级教师更新家长观念,转换角色,营造家园合力的教育环境;引导家长帮助幼儿适应幼儿园的一日生活,提高生活自理能力,树立一定的集体生活规则意识;引导幼儿与同伴融洽相处,综合利用家长学校、家长园地、家长开放日、家园联系册等途径及时沟通幼儿近况,切实提高家长工作的实效性;完善班级家长工作制度,发挥家委会的作用,增强家长参与幼儿园活动的积极性,搭建家园共育平台,提升家长的育儿水平。

5. 用发展的眼光看幼儿,用鼓励性的语言和幼儿交流,建立良好的师幼关系;虚心接受同事的合理建议,主动关心其他同事,积极协助其他教师搞好班级工作,建立良好的同事关系;热情接待家长,加强与家长的沟通交流,及时准确地向家长传递信息,处理好家长的意见,与家长建立良好的互动关系。

四、班级工作实习的具体安排

附:实例

实习周次	工 作 内 容	执行人
第一周 5月10~14日	1. 熟悉小三班幼儿、教师、家长的基本情况,结合本班实际情况,制订班级工作实习计划,学习各项记录填写工作 2. 掌握小三班的一日工作流程,熟悉幼儿并记住幼儿姓名,建立良好的师幼关系,学习一日生活常规和一日教育活动常规的基本知识,在指导下掌握班级一日生活常规和一日教育活动常规工作中的管理技巧 3. 参与班级"我爱小动物"主题教学活动的环境布置,认真听指导教师授课,做好听课记录 4. 配合指导教师做好班级的安全、卫生及其他工作	实习生及指导教师
第二周 5月17~21日	1. 学习制订和执行班级的周计划、日计划和游戏计划,学习对幼儿进行必要的常规培养、品质教育、卫生安全教育的方法 2. 认真听指导教师授课并做好听课记录,继续参与"我爱小动物"主题教学活动,尝试在教师的指导下确定教育活动的内容,撰写2篇教案交指导教师批改,组织幼儿生活和游戏活动 3. 了解班级家长工作的主要内容和基本途径,尝试加强与家长的沟通交流 4. 参与班级环境布置工作,配合指导教师做好其他工作	实习生及指导教师
第三周 5月24~28日	1. 继续学习制订和执行班级的周计划、日计划和游戏计划,学习做教育教学的效果检查和记录 2. 认真听指导教师授课,做好听课记录,继续参与班级"我爱小动物"主题教学活动,在教师的指导下确定教育活动的内容,撰写2篇教案交指导教师批改,组织幼儿游戏和教学活动 3. 继续学习班级家长工作的主要内容,在指导下参与班级的家长工作 4. 参与班级环境布置工作,配合指导教师做好班级的安全、卫生及其他工作	实习生及指导教师

实习周次	工　作　内　容	执行人
第四周 5月31~6月4日	1. 尝试配合班级教师制订和执行班级的周计划、日计划和游戏计划，学习做教育教学的效果检查和记录 2. 认真听指导教师授课，做好听课记录，参与班级"快乐的六月"主题教学活动，在教师的指导下确定教育活动的内容，撰写2篇教案交指导教师批改，组织幼儿生活和游戏活动 3. 继续学习班级家长工作的主要内容，在指导下参与班级的家长工作，并尝试结合班级家长工作中的问题提出解决策略 4. 参与班级环境布置工作，配合指导教师做好班级的安全、卫生及其他工作	实习生及指导教师
第五周 6月7~11日	1. 尝试配合班级教师制订和执行班级的周计划、日计划和游戏计划，学会做教育教学的效果检查和记录 2. 认真听指导教师授课，做好听课记录，继续参与"快乐的六月"主题教学活动，撰写2篇教案交指导教师批改，组织幼儿游戏和教学活动，认真准备实习生优质课评比活动 3. 掌握班级家长工作的主要内容，在指导下参与班级家长工作，并尝试结合班级家长工作中的问题提出解决策略，提升家长工作的艺术 4. 参与班级环境布置工作，配合指导教师做好班级的安全、卫生及其他工作	实习生及指导教师
第六周 6月14~18日	1. 在指导下继续参与班级的常规工作、保教工作、安全工作和家长工作 2. 调整心态，参加实习生优质课评比活动 3. 填写班级实习工作的各项表格，撰写班级实习工作总结，配合教师做好实习鉴定工作 4. 做好实习结束幼儿情绪安抚工作，表达对实习园所和实习班级的感恩之情	实习生及指导教师

任务二　班级工作实施的内容与要求

学习目标

1. 掌握幼儿园班级工作实施的主要内容。
2. 能在指导下按要求参与班级工作的实施。

学习内容

幼儿园班级工作实施的内容丰富，主要包括生活管理、教育管理、安全管理和家长管理等，其实施的基本要求如下。

一、班级生活管理

（一）班级生活管理内容
1. 制定符合幼儿年龄特点的生活作息制度和常规。

2. 坚持做好晨检、午检,观察和检查幼儿的健康状况,完善幼儿健康管理。

3. 重视养成教育,生活护理、生活能力提升与行为习惯培养相结合。

4. 创设良好的生活环境,营造和谐的班级人际心理氛围。

5. 密切家园的联系和配合,共同做好幼儿的身心养护和生活指导工作。

(二)班级生活管理各环节指导要点

实习生要在教师的指导下坚持"保教结合、保教并重"的原则,有效组织管理幼儿园班级生活的各个环节,具体指导要点请参考表3-4。

附:表3-4 中班下学期生活活动管理要点

二、班级教育管理

(一)班级教学活动管理

1. 班级教学活动管理的内容。

(1)学期(学年)初教学工作的管理。

① 结合家访和幼儿的观察分析,完成对班级幼儿发展水平的初步评估,并做好记录。

② 根据幼儿情况及班级条件,制订详细的教育计划。

③ 根据教育教学计划,征集或领取幼儿的绘画、手工材料、游戏工具等。

④ 班级保教人员共同制订各项教育活动的组织形式及基本常规,建立班级教育活动的运转机制。

(2)日常教学工作的管理。

① 具体设计并实施每日教育活动方案,做好教学反思与改进分析。

② 制订下周(一般是提前1~2周)教育计划和活动安排。

③ 每日与本班教师和保育员交流沟通幼儿和保教工作情况,相互交接配合。

④ 每月召开班级教师会议,研究班级教育工作的具体内容和措施,协调分工和合作。

⑤ 根据教育目标及时调整活动室环境。

(3)学期(学年)末教学工作的管理。

① 整理教育活动方案、教育笔记和幼儿作品档案。

② 做好幼儿全学期的评估工作,写好幼儿发展情况及表现的小结(成长手册)。

③ 完成教师自身教育教学的评估,写出工作总结(教育目标的实现、教育方法的运用情况)。

④ 教育活动剩余材料的清点与登记归档。

2. 班级教学活动管理的指导要点。

教学活动包括活动准备、活动实施和活动评价三个环节,教师通过集体、小组和个别学习的方式组织学习活动,幼儿园班级学习活动的组织指导如表3-5。

附:表3-5 班级学习活动的组织指导

(二)班级游戏活动管理

1. 班级游戏活动管理的内容。

(1)科学合理地安排幼儿的一日生活,以多种形式的游戏充实幼儿园的一日生活,实现幼儿园以游戏为基本活动。

(2)根据幼儿的年龄特点、实际经验和兴趣,创设适宜的游戏环境。

（3）结合幼儿的兴趣和发展需要开展多种类型的游戏活动，加强游戏过程中的观察，并采用直接指导、交叉指导、平行指导等方式给予幼儿适当指导。

2. 班级游戏活动管理的指导要点（如表3-6）

附：表3-6　班级游戏活动管理指导要点

三、班级安全管理

（一）一日生活活动安全管理

一日生活活动安全管理的内容主要包括入园安全、饮水安全、如厕盥洗安全、进餐安全、午睡安全、离园安全、服药安全等，具体的安全管理要求如表3-7。

附：表3-7　一日生活活动安全管理要点

（二）一日教育活动安全管理

一日教育活动安全管理的内容主要包括室内集体教学活动安全、区域活动安全、户外运动活动安全等，具体的安全管理要求如表3-8。

附：表3-8　一日教育活动安全管理要点

（三）大型集体活动安全管理

班级大型集体活动主要有节庆活动、运动会、参观游览活动等，教师需提前做好安全准备工作。实习生可在指导老师的指导下参与班级大型集体活动的安全管理工作，其活动安全管理要点如下。

1. 活动前：

（1）邀请家长志愿者共同成立安全管理小组，制定安全应急预案。

（2）教师熟悉场地，现场查看紧急疏散通道。

（3）提前发放通知，向家长说明活动目的和具体时间，请家长做好活动前的准备工作。

（4）结合活动实际情况有针对性地对幼儿进行安全教育，条件适宜可带领幼儿进行疏散演练，增强幼儿的自我保护意识。

（5）出发之前清点幼儿人数，进行安全教育，强调有关的活动要求及注意事项，要求幼儿不擅离集体。

2. 活动中：

（1）三位教师带队，分工明确，防止拥挤、踩踏等不安全事故发生。

（2）到达活动现场后，要重新整队清点幼儿人数，再次进行安全教育，强调相关要求及注意事项，要求幼儿不擅离集体，防止幼儿走失，提醒幼儿不随意奔跑、打闹，注意活动安全。

（3）注意观察幼儿，及时解决纠纷，让每名幼儿时刻处在教师的视野中，在每一次集合时要清点好幼儿人数，确保幼儿安全，全程关注现场秩序，严防拥挤、踩踏事故发生。

（4）坚决杜绝可能的危险，必要时应立即终止活动，一旦有安全事故发生，及时施救，第一时间上报。

3. 活动后：

（1）严格遵守退场秩序，组织幼儿排队，并清点人数，再次进行安全教育，强调不擅离集体，提醒幼儿返回途中注意安全等。

（2）组织家长进行有序交接，与家长进行简短交流。

（四）班级突发安全事件管理

1. 班级突发安全事故管理要点。

从突发事故的诱发因素出发，可以将班级突发安全事故分成社会性突发安全事件（人祸）和自然性突发安全事件（天灾），其具体管理要点如表3-9。

附：表3-9　班级突发安全事故管理要点

2. 安全事故应急预案的基本要素。

安全事故应急预案的基本要素主要包括：

（1）目的。主要结合具体的集体活动内容确定目的，主要是为了规范操作，保障安全，确保活动各项工作的正常开展。

（2）成立应急机构，明确职责分工。根据法律、法规及卫生局、教育局的有关规定，成立应急工作小组，明确应急工作小组的负责人及各成员的分工情况。

（3）应急具体措施。主要从拟出现紧急情况、应对办法和负责人来具体阐述安全应急措施。

四、班级家长工作管理

（一）家长工作计划

家长工作计划是新学期家长工作的行动指南，其主要内容和要求如下。

1. 家长工作现状分析。从家长和幼儿两方面进行情况分析，可结合前一学期家长工作中取得的成绩和存在的突出问题进行简明扼要的阐述，从已有经验和不足两方面进行分析。

2. 家长工作指导思想。以《幼儿园教育指导纲要（试行）》和《3～6岁儿童学习与发展指南》为工作方针，以幼儿园教育为主要阵地，以班级教育教学活动为主要抓手，遵循教育规律，从而提高家园共育的成效和家长家庭教育的水平。

3. 学期家长工作目标。主要从提高家园共育成效、完善家长工作制度建设、提升家长家庭教育等方面简要表述，将本学期家长工作的重点写出来。

4. 具体工作举措及安排。把学期家长工作目标细化为具体的家长工作任务，对每个任务提出具体的要求和措施，以便有目的、有针对性地实施。

（二）家长工作管理的内容

根据家长工作的频次和间隔时间将班级家长工作分为日常性家长工作和阶段性家长工作，其基本内容和管理要点如表3-10。

附：表3-10　家长工作管理要点

（三）班级家长工作艺术

班级家长工作内容繁多，做好家长工作管理是一门艺术，实习生可在指导老师的指导下掌握与家长建立情感关系、与家长沟通的艺术。具体要求如表3-11。

附：表3-11　班级家长工作艺术指导要点

附：实例　××幼儿园小一班第一学期家长工作计划

项目四　幼儿园教育实习计划、总结与考评

项目介绍

　　幼儿园教育实习计划是实习生教育实习的行动指南,实习生来到幼儿园后,需要制订幼儿园个人教育实习计划及所在年龄段班级的教育实习计划。幼儿园教育实习工作行将结束时,实习生应对教育实习过程中各项工作的进展及完成情况进行回顾与总结。本项目主要介绍幼儿园个人教育实习计划的制订,幼儿园教育实习总结的撰写,以及幼儿园教育实习各项内容的考评标准。

项目导航

```
                              ┌─── 教育实习计划的制订要求
                ┌─ 幼儿园教育实习计划 ┼─── 教育实习计划的主要内容
                │             └─── 教育实习计划的格式
幼儿园教育
实习计划、 ─────┤
总结与考评
                │                ┌─── 幼儿园教育实习总结
                └─ 幼儿园教育实习总结与考评 ┤
                                 └─── 幼儿园教育实习考评
```

任务一　幼儿园教育实习计划

学习目标

1. 掌握幼儿园个人教育实习计划的制订要求、主要内容。
2. 能制订幼儿园个人教育实习计划。

学习内容

　　实习生来到幼儿园后,可以依据学校教育实习计划、幼儿园教育教学计划,根据个人实际情况制订总的实习计划。在教育实习中,实习生需要分别到各年龄段班级实习,应根据所在年龄段班级的学期计划和实际情况,在园、校指导老师的指导下,制订所在年龄段班级

的教育实习计划,从而使实习生能有计划、有目的、有准备地完成教育实习任务。

一、教育实习计划的制订要求

(一)指导思想正确,实习目标明确

幼儿园教育实习是学前教育专业学生按照教育教学计划,在教师指导下,积极主动地运用已获得的专业知识和技能,在实习幼儿园,直接从事教育教学工作实践和思想品德教育工作实践的一种教育活动。学生通过实习,进一步树立正确的教育观与职业道德观,培养热爱儿童、热爱幼教事业的精神;全面了解和熟悉幼儿园教育工作,增强对幼儿园工作的适应性;提高独立设计、组织幼儿园各项活动的能力及教育研究能力。

明确了教育实习目标,实习生应根据实习幼儿园培养目标、幼儿园教育教学计划、实习班级的学期工作计划以及个人的自身能力,确定实习内容的步骤、方法与措施。将教育实习的各项工作任务,按其性质与要求、轻重缓急以及实现的有利条件和时机做出具体安排。

(二)表述简明扼要,一目了然

按时间或工作类型编排出自己所有的教育相关工作。如组织幼儿园一日活动、班级管理工作和家长接待工作,处理好幼儿一日生活中的各种事情;设计与组织幼儿园集体教育活动和区域活动等,参与幼儿园环境创设;学会教育观察、教学反思、教育调查,完成《教育实习工作手册》等。教育实习计划要从实习生的设计出发,文字精练、篇幅简短。

(三)计划要切时可行,便于操作

实习计划要切实可行,既要明确每一阶段实习的任务和内容,又要确定完成各项任务与内容的时间和保证质量的措施,以利于执行,便于检查。并定期定时审视自己执行计划的情况,按照计划完成各项教育工作任务。

二、教育实习计划的主要内容

1. 引言:包括实习幼儿园,实习班级,实习指导教师及幼儿园指导教师,实习时间等。

2. 本次教育实习要达到的目标。从专业思想、专业知识的运用、了解和熟悉幼儿园工作、培养幼儿园教育教学能力等方面拟定目标。

3. 本次教育实习要完成的主要任务。针对班级实际,实习期间要做哪些工作,采取什么方式方法,达到什么目的。

4. 实习中要完成的教育实习内容。综合"主要任务"和"日常工作"两项内容,逐周安排。

5. 完成每项教育实习内容的具体方法。

教育计划制订后要交给学校实习指导(带队)教师进行审核。在执行计划前,要交给实习班指导教师审阅,提出改进意见。

三、教育实习计划的格式

教育实习计划通常要有标题,实习生姓名、班级、学校指导老师,实习幼儿园、实习班级、幼儿园指导老师、实习时间,本次教育实习要达到的目标,本次教育实习要完成的主要任务,实习中要完成的具体内容、完成每项实习内容的具体方法等。

教育实习计划的基本写法是:标题是由名称、适用时间等组成,如"5～6 月份实习计划"。目标是计划的开头部分,简明扼要表达出实习中要达到的目标,如"根据学校和幼儿园的实习安排,5～6 月份我将在大班实习 6 周,在指导老师的帮助下,我将投入幼儿园教师的各项工作中去,全面深入地了解幼儿,掌握幼儿园教师的工作流程与规范,积累实际工作的经验并锻炼解决问题的能力,从而加快专业成长"。主体部分是计划最重要的内容,也是篇幅最大的一部分,明确实习要完成的主要任务,一一列出准备实习的内容,以及完成每项实习内容的具体步骤、方法、措施等。计划在结尾之后,还要学校指导老师、幼儿园指导老师签字,署明制订计划的具体时间。

任务二　幼儿园教育实习总结与考评

学习目标

1. 掌握幼儿园教育实习总结的格式,能撰写幼儿园教育实习总结报告。
2. 了解幼儿园教育实习各项内容的考评标准,能对自己的教育实习进行客观的评价。

学习内容

一、幼儿园教育实习总结

幼儿园教育实习总结是对一个阶段教育教学工作的回顾,是将幼儿园教育教学实习工作实践中的片段和零碎材料集中起来,使之条理化、系统化,并上升为对事物规律性认识的文体。

(一)教育实习总结的撰写要求

1. 以教育实习目标、计划为依据,对照工作成果,找出成绩与差距。
2. 收集并分析充足的数据和事实材料,用事实说明问题,得出结论。
3. 总结内容要具体、全面。应该包括:专业思想和态度情况、专业知识运用情况、掌握技能情况,能力发展等方面的成绩与不足。
4. 要注意总结规律,用以指导今后的实践。应肯定和明确教育实习所取得的成绩;应针对存在的问题,查找原因,分析探讨规律,将经验上升为理论,并提出改进措施和今后努力的方向。

(二)教育实习总结的撰写

教育实习总结通常要有:标题、前言、主体、结尾、落款。

教育实习总结的基本写法:标题一般由名称、时间、内容等组成。如"2022 年幼儿园教育实习总结"。前言一般介绍实习基本概况,也可以作出基本评价。主体内容是总结的核心部分,应包括本阶段负责的主要实习工作,所掌握的实际工作能力,取得的主要成绩及尚存的问题,分析原因,提出对工作改进意见和建议。结尾可以归纳主题、指出今后的努力方向、表示决心与信心等。在正文右下方署名。

二、幼儿园教育实习考评

幼儿园教育实习考评是对教育实习的全部内容进行考评,包括实习生思想道德和行为规范(如表3-12),幼儿园一日活动中教育工作的考评细则(如表3-13),幼儿园教学活动观察评价表(如表3-14),设计与组织幼儿园教学活动的考评细则(如表3-15),幼儿园开放观摩活动的考评,幼儿园教育实习计划、总结及实习周记的考评等,每一项内容的考评都有其基本要求与标准。

表3-12　幼儿园教育实习师德评价表

指标	基本要求	评价标准			
		优秀	良好	合格	不合格
实习态度	热爱幼儿教育事业,具有爱岗敬业精神;在实习中认真履行工作职责,富有爱心、责任心,工作细心、耐心				
组织纪律	自觉遵守学校的实习要求和实习单位的规章制度、实习纪律及实习协议				
仪容仪表	严格遵守师范生行为规范,礼貌待人,仪表端庄,服装整洁、朴素				
语言规范	语言规范健康,举止文明礼貌,符合教师礼仪要求和教育教学场景要求				
团结互助	服从安排,团结合作、同事关系融洽,能接受合理的意见;能主动关心其他老师,积极协助其他老师做好教育教学工作				
尊敬老师	尊重实习幼儿园领导、教师和其他工作人员,不在园所品评实习幼儿园的领导和教师				
热爱幼儿	热爱幼儿,关心幼儿,耐心照顾对待幼儿,不准体罚或变相体罚幼儿;做幼儿学习与发展的支持者、合作者、引导者,积极引领幼儿行为,帮助幼儿自主发展;增强安全意识,保护幼儿安全				
尊敬家长	热情接待家长,经常与家长沟通,处理好家长意见;协助原班老师办好家园联系栏;采用多种方式做好家园共育				
爱护公物	爱护实习单位设施设备,节约实习用品,爱护园所的教科书、参考书、教具等;凡借幼儿园的书籍、仪器、教具等均应妥善保管,按期归还;如有损坏,应负责赔偿				
指导教师评语					

评定等级　　　　签字　　　　年　月　日

表 3‐13　幼儿园一日活动中教育工作考评细则

项目		基 本 要 求	评价标准			
			优秀	良好	及格	不及格
生活活动	入园	热情接待幼儿和家长,有针对性地观察幼儿,向家长询问幼儿情况				
		引导幼儿自主整理衣服、鞋帽,妥善保管幼儿的衣物以及个别幼儿的药物,及时发现安全隐患				
	盥洗	独立组织幼儿盥洗,指导幼儿掌握正确的盥洗方法				
		培养幼儿养成饭前便后、睡眠前后主动清洗的习惯				
	进餐	组织幼儿做好餐前准备工作,营造温馨舒适的用餐环境;介绍食谱,提高幼儿食欲				
		培养幼儿养成良好的进餐习惯,鼓励幼儿独立进餐				
		提醒幼儿餐后漱口、擦嘴,进行安静活动,避免剧烈运动				
	睡眠	为幼儿提供安静的睡眠环境,培养幼儿养成良好的睡眠习惯				
		观察幼儿睡眠情况和面色,发现和纠正不良的睡姿,注意对体弱儿和特殊幼儿的照顾				
		帮助、指导幼儿穿脱衣服和整理床铺,培养幼儿自理能力				
	离园	帮助幼儿整理好个人的衣物,接待家长并与家长交接幼儿;提醒幼儿向家长问好,向老师和小朋友说再见				
		对没有按时接走的幼儿,做好必要的组织工作,使幼儿保持愉快情绪				
教学活动		活动目标明确、具体、全面,符合幼儿已有经验和发展需要,能体现领域活动的特征				
		活动内容贴近幼儿生活,又体现一定的挑战性;活动容量合理,难度适中,体现科学性和可行性				
		活动准备充分,能提供适宜的活动空间、设施、材料;教学语言简练、规范、生动				
		活动组织有序,重点突出,时间安排合理;运用多元化的教学方法和手段,采用适宜的指导策略,形成有效的互动				
		幼儿能主动、积极、专注地参与活动,在经验、能力和情感方面有所发展				

项目	基 本 要 求	评价标准			
		优秀	良好	及格	不及格
区域活动	区域创设科学合理,活动内容符合幼儿兴趣和发展需要;材料投放有层次性、操作性				
	区域活动组织有序,充分发挥幼儿的主动性、参与性;注意观察幼儿,尊重幼儿发展的差异性,鼓励幼儿与材料或同伴互动				
	根据实际情况调整区域内容,增补区域材料,活动结束后及时总结评议				
户外活动	目标明确,重点突出,准备充分,过程安排合理、有趣				
	活动中引导幼儿按意愿选择器械,正确、熟练地使用器械,具有规则意识;幼儿情绪愉快,运动量适中,关注幼儿的活动安全				

指导教师评语

评定等级　　　　签字　　　　年　月　日

表 3-14　幼儿园教学活动观察评价表

项目		基 本 要 求	评价标准			
			优秀	良好	及格	不及格
教师	活动内容	活动内容符合幼儿实际,有助于拓展幼儿的经验;活动难度与容量适中,重点突出,体现科学性和可行性				
	活动目标	活动目标明确、具体、全面,符合幼儿已有经验和发展需要,能体现领域活动的特征				
	活动准备	准备充分,能提供适宜的活动空间、设施、材料,引发幼儿与环境、材料积极互动				
	活动过程	活动组织有序,重点突出,时间安排合理;能恰当运用多元化的教学方法和手段,采用适宜的指导策略,形成有效的互动,因材施教				
	基本素质	教态亲切、自然;教学语言简练、规范、生动;教具制作恰当、实用,演示操作准确熟练;有较强的沟通能力与教学机制				
幼儿	活动态度与表现	能主动、积极、专注地参与活动;对学习内容感兴趣,会利用环境资源学习				
		乐意与同伴合作分享				
	活动成效	在活动中自信,态度积极,注意力集中,思维活跃;在经验、能力和情感方面有所发展,目标达成度高				

指导教师评语

评定等级　　　签字　　　年　月　日

109

表 3－15　设计与组织幼儿园教学活动考评细则

项目		基 本 要 求	评价标准			
			优秀	良好	及格	不及格
教师	活动内容	活动内容符合幼儿实际与发展,善于利用和开发教学资源,活动难度与容量适中,重点突出,品德教育渗透其中				
	活动目标	活动目标明确,要求具体、全面,符合班级实际、幼儿已有经验和发展需要,能体现领域活动的特征				
	活动准备	准备充分,能提供适宜的活动空间、设施、材料,引发幼儿与环境、材料积极互动				
	活动方式方法	以游戏为主要活动,教学形式新颖、灵活、多样;能恰当运用多元化的教学方法和手段				
	活动过程	活动过程设计结构完整、环节紧凑,衔接自然;活动组织有序,层次清晰,重点突出,难点突破,时间安排合理;采用适宜的指导策略,形成有效的互动,既面向全体,又能因材施教				
	活动效果	达到预期的活动目标和要求,活动效果好				
	基本素质	教态亲切自然;教学语言简练生动,富有启发性和感染力,有较强的沟通能力;教具制作恰当、实用,演示操作准确熟练;随机教育好,能妥善处理偶发事件				
幼儿	活动态度与表现	能主动、积极、专注地参与探索、操作、讨论、表述等活动,情绪愉快;对学习内容感兴趣,会利用环境资源学习;愿意与同伴合作与分享				
	活动成效	在活动中自信,态度积极,注意力集中,思维活跃;在经验、能力和情感方面有所发展,目标达成度高				

指导教师评语

评定等级　　　　签字　　　　年　月　日

04

模块四 幼儿园其他工作实习

项目一　活动室环境创设

项目介绍

　　幼儿园活动室是幼儿学习和游戏的主要活动场所,实习生可在指导老师的指导下挖掘活动室环境的教育价值,掌握活动室环境创设的内容及要求,最大限度地支持和满足幼儿通过直接感知、实际操作和亲身体验获取经验的需要。

　　本项目主要介绍活动室墙面及活动室活动区的环境创设的基本要求及注意事项。活动室墙面设计围绕幼儿的主要教育途径,从一日生活、主题教学活动、区域活动、家园共育四个角度进行举例阐释。活动室活动区规划则从不同年龄班活动室活动区整体规划和常见活动室活动区规划两方面进行,多角度全方位呈现活动室环境创设的要点。

项目导航

```
                                                              生活活动墙面环境创设

                                     活动室墙面环境创设        主题活动墙面环境创设

                                                              区域活动墙面环境创设

活动室环境创设                                                家园共育墙面环境创设

                                                              各年龄班活动室活动区的整体规划
                                     活动室活动区环境创设
                                                              幼儿园常见活动室活动区的创设
```

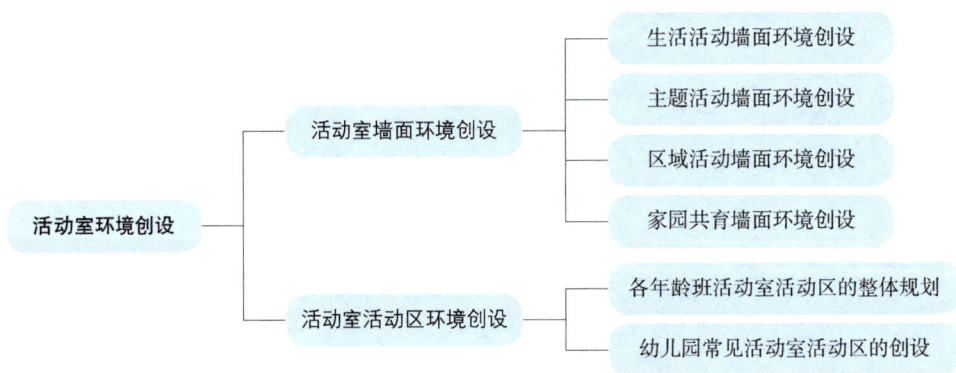

任务一　活动室墙面环境创设

学习目标

　　1. 能够理解创设活动室墙面环境的教育意义。

　　2. 能够根据教育需要合理创设生活活动、主题活动、区域活动及家园共育的墙面环境。

学习内容

创设一个有效、合理、开放的活动室墙面环境,充分发挥墙面环境的育人功能,使之与幼儿产生积极的互动,是幼儿教师需要思考并实践的重要内容。实习生可在指导老师的指导下,尝试参与生活活动、主题教学活动、区域活动、家园共育四个方面幼儿园活动室的墙面环境创设工作。

一、生活活动墙面环境创设

幼儿教师可以充分利用活动室的墙面培养幼儿良好的生活习惯以及生活自理能力,实习生应结合一日生活的各个环节,掌握生活活动墙面环境创设的要点(如表4-1)。

表4-1　生活活动墙面环境创设指南

生活活动	墙面环境创设功能	墙面环境创设举例
入园活动	营造归属感、增进互动、激发自主性	1. 入园六部曲(如图4-1):图文并茂提示幼儿入园活动的主要事项,如问好、晨检、晨练、放书包、喝水、吃早餐 2. 艺术签到墙:幼儿在签到墙绘画签到,记录心情见闻 3. 入园匹配游戏:幼儿匹配照片、姓名、心情、电话号码及其他感兴趣的内容 4. 班级信息板:图文并茂呈现班级即将发生的特别事件、当天任务、教室新添材料、班级中待解决的问题等,以便不同读写水平的幼儿读懂信息板上的内容并参与活动 5. 天气播报站:幼儿更换图卡,播报时间、星期、天气、气温、穿衣指南 6. 工作图:转动工作图,合理公平地安排班级内简单的整理及其他服务工作 7. 班级小管家/值日生:可替换的图文直观呈现班级值日生及其工作任务
饮水活动	增进主动喝水、科学喝水的良好生活习惯	1. 喝水公约:创编喝水儿歌,图文并茂呈现班级的喝水公约 2. 咕噜咕噜时间:图文并茂呈现需要补充水的时间 3. 咕咚补水站:幼儿自主记录每日喝水量
餐点活动	营造良好进餐氛围、拓展健康饮食知识、增进文明进餐行为习惯	1. 美食播报站:运用绘画或照片,图文并茂呈现当天或本周餐点 2. 进餐小达人:提示进餐礼仪,呈现良好进餐习惯的图文,比身高不挑食长大个,评比进餐小达人 3. 小小营养师:呈现生活中简单的营养学知识,展示幼儿有关饮食营养的绘画作品
如厕盥洗活动	增进自主如厕、清洁卫生的良好生活习惯	1. 我会上厕所:图文并茂呈现如厕步骤 2. 健康监测站:如用颜料制作直观对比瓶,幼儿通过对比每次如厕时尿液的颜色,知道自己喝水是否够量 3. 我会洗手:运用绘画或照片,图文并茂呈现需要洗手的情况、洗手的步骤,记录洗手的次数 4. 我会刷牙(漱口):图文并茂呈现刷牙(漱口)的步骤

续　表

生活活动	墙面环境创设功能	墙面环境创设举例
午睡活动	营造良好午睡氛围、增进安静午睡的行为习惯及自理能力	1. 午睡时间:星星、月亮及小动物们一起睡觉的温馨场景 2. 午睡公约:和幼儿一起制定午睡公约,并图文并茂呈现在睡眠室墙面 3. 我是整理小达人:图文并茂呈现穿脱衣物鞋袜、整理床铺的步骤
离园活动	稳定情绪、增进互动、激发自主性	1. 离园五部曲:图文并茂提示幼儿离园活动的主要事项,如离园小结、如厕洗手、喝水收杯、整理书包、等待回家 2. 我是整理小达人:图文并茂呈现整理着装、书包的步骤

备注:生活活动墙面环境创设要注重安全性、教育性、互动性、童趣性及经济性,尽可能地激发幼儿的自主性,结合幼儿的发展需要创设更新墙面环境。

实例

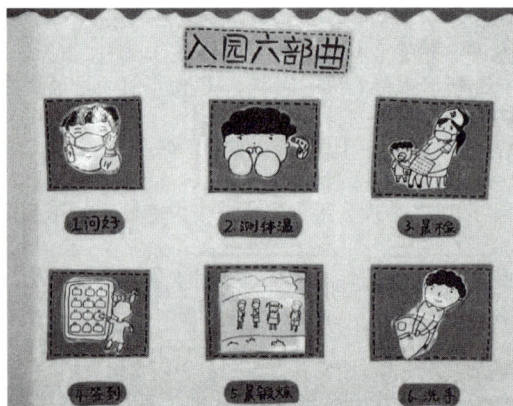

图 4-1　入园六部曲①

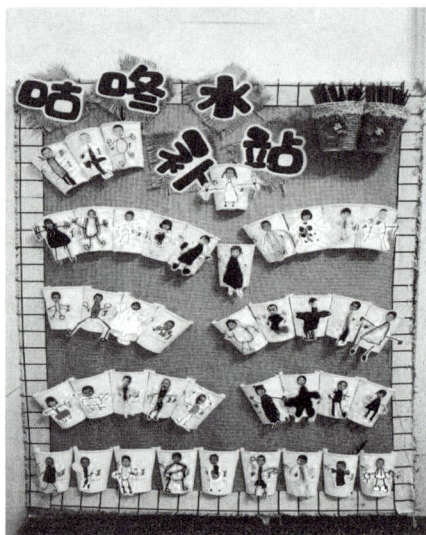

图 4-2　咕咚补水站②

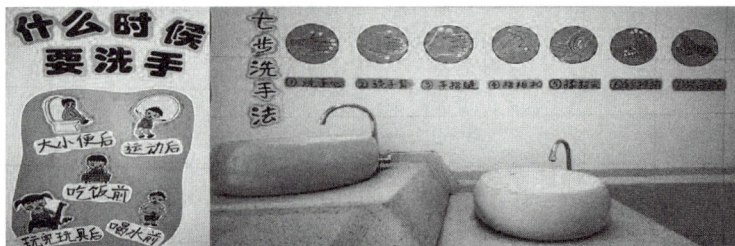

图 4-3　七步洗手法③

---

① 图片来源:衡阳市金河湾幼儿园
② 图片来源:衡阳市衡钢幼儿园
③ 图片来源:衡阳市衡钢幼儿园

二、主题活动墙面环境创设

主题墙饱含教师的教育意图,是记录幼儿日常活动过程和结果的载体,是主题活动顺利开展的重要媒介。根据具体活动需要,主题墙有不同的类型、呈现形式和创作技法(如表4-2),不同年龄阶段主题墙创设具有不同特点(如表4-3)。

表4-2　主题墙的基本创作特点

主题墙	基本类型	行为取向类:促进幼儿发生教师所预期的行为,培养幼儿良好的行为习惯。如中班主题活动"我升中班了"中"比比谁最棒"的主题墙创设
		认知取向类:墙面作为动态立体的学习材料,激发幼儿学习兴趣,提供学习方法,呈现学习内容或学习成果。如,小班主题活动"可爱的小动物"中"动物拼图"墙面
		视觉指向类:侧重提升幼儿对美的欣赏和感知,主要通过绘画、手工的方式在主题墙上呈现自然美、生活美和艺术美。如大班主题活动"多彩的草帽"中"美丽的草帽"主题墙
	呈现形式	基于幼儿与主题墙的互动程度 1. 观赏型设计。作为图案或作品展示,仅用于观赏,如大班主题活动"美丽的艺术品"中"手工艺术作品展"主题墙 2. 操作型设计。需要幼儿多感官参与、动手操作,如中班"天气真奇妙"主题活动中的"一周气温变化表"主题墙
		基于主题墙呈现的作用 1. 记录式设计。如大班主题活动"我的情绪我做主"中"心情记录本"主题墙 2. 展览式设计。如大班主题活动"我要上小学"中,主题墙展示幼儿的绘画作品"我心目中的小学"
		基于主题墙内容更新情况 1. 动态设计。结合主题内容动态更新的主题墙 2. 静态设计。一般是造价较高、设计较难的主题墙面。如主题墙面固定的背景装饰
	创作技法	造型特点:多选择易于幼儿理解和接受的人物、动物、植物、建筑、交通、动画人物等形象,适度夸张体现童趣性,适度装饰体现审美性
		色彩设计:多采用鲜艳、明亮的颜色,根据主题内容协调统一主题色调,通过颜色对比突出主要装饰物
		构图法则:结合主题需要灵活运用不规则散点构图、三角形构图、对角线构图、竖线构图、曲线构图、圆形构图、框式构图等方法,突出主要装饰物,注意装饰物的对比及层次性,体现形象间的呼应关系
		材料技法:创作以幼儿的兴趣和需要为中心,确定幼儿主体地位,突出幼儿的参与性;注意材料安全,充分利用废旧材料,体现经济实用性;综合运用多种材料,灵活运用多种技法,注意整体画面协调统一

表4-3 不同年龄阶段主题活动墙面环境创设的要求

年龄班	创 设 目 的	创 设 重 点
小班	1. 缓解幼儿入园焦虑情绪 2. 营造温馨、童趣的学习生活环境 3. 增进幼儿生活经验,支持幼儿表现表达 4. 增进良好的生活、卫生习惯	1. 注重内容生活化 2. 注重造型立体化 3. 注重形象童趣化 4. 整体环境温馨化
中班	1. 营造童趣、互动、探究的学习生活环境 2. 开发和锻炼幼儿的想象力和动手能力 3. 增进幼儿交往、合作、分享和关心他人的能力 4. 丰富幼儿生活经验,支持幼儿探索学习	1. 激发幼儿自主性 2. 注重造型层次性 3. 注重内容生活化 4. 体现交流互动性
大班	1. 营造互动、探究的学习生活环境 2. 增进幼儿的想象、动手、思考、探究、表达、创造的能力 3. 增进幼儿交往、合作、分享和关心他人的能力 4. 拓展幼儿生活经验,支持幼儿探索学习	1. 突出幼儿主体性 2. 注重多元互动性 3. 注重墙面整合性 4. 体现探究动态性

实例

图4-4 大班主题墙:百年礼赞①

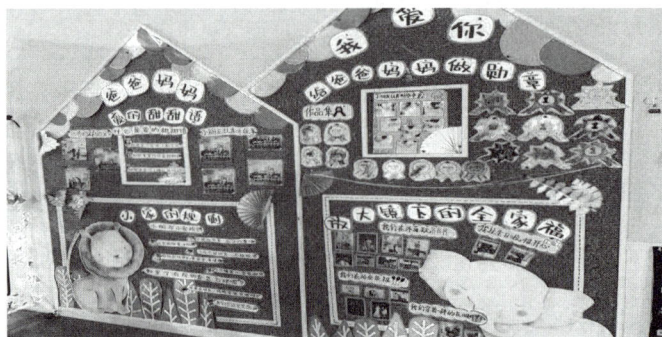

图4-5 小班主题墙:爸爸妈妈我爱你②

① 图片来源:衡阳市实验幼儿园
② 图片来源:衡阳市金河湾幼儿园

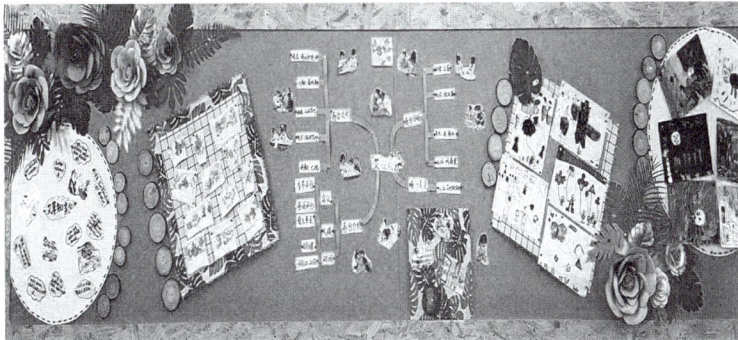

图 4-6 中班主题墙:"艾"在春分①

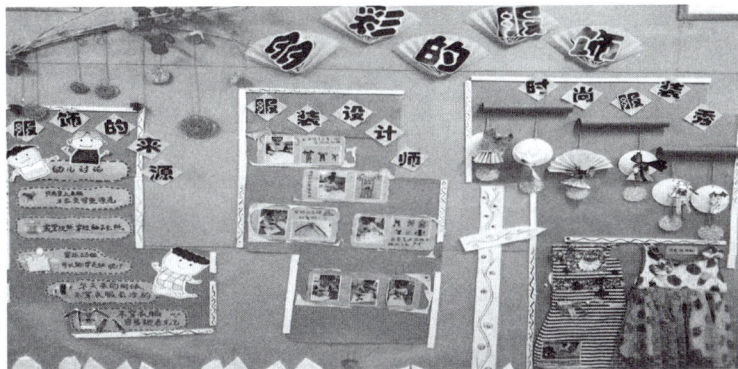

图 4-7 大班主题墙:多彩的服饰②

三、区域活动墙面环境创设

创设区域活动墙面环境能够扩展区域活动的时间与空间,更具有充分挖掘环境作为隐性课程的教育价值。区域活动墙面环境创设主要有装饰、展示、指引、规则、操作、记录等呈现形式(如表 4-4)。

表 4-4 区域活动墙面环境创设的主要呈现形式

呈现形式	创设功能	区域活动墙面创设举例
装饰型	营造环境 增强美感	科学区墙面"科学家"卡通形象 美工区墙面"萌娃画廊""童画世界"装饰图案
展示型	展示作品 展示学习内容	美工区墙面展示幼儿个人、同伴间及教师的作品 科学区运用图文把科学知识转化成可视的墙面环境
指引型	操作指南 规则引导	语言区的图书整理步骤图,建构区墙面建构技能图 各区域墙面进区规则引导图示

---

① 图片来源:衡阳市衡钢幼儿园
② 图片来源:珠海市桃园幼儿园

续　表

呈现形式	创设功能	区域活动墙面创设举例
操作型	游戏互动	益智区数学、拼摆、棋类、迷宫等墙面游戏 美工区墙面待幼儿创作的半成品材料
记录型	活动记录	科学区运用连环画呈现幼儿操作与实验的过程 建构区粘贴幼儿建构过程的跟踪式图文

实例

图 4-8　童画长廊①

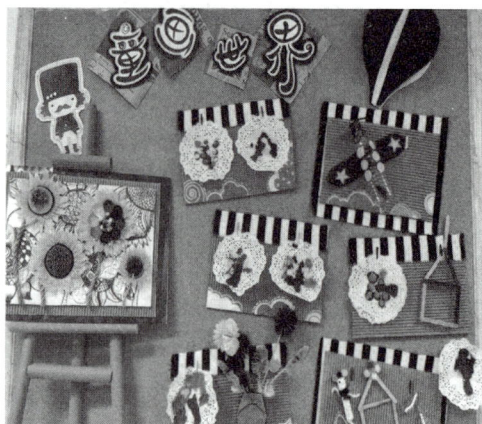

图 4-9　童画世界②

图 4-10　作品秀③

图 4-11　建构区墙面环创④

① 图片来源:衡阳市实验幼儿园
② 图片来源:衡阳市实验幼儿园
③ 图片来源:衡阳市实验幼儿园
④ 图片来源:衡阳市衡钢幼儿园

四、家园共育墙面环境创设

幼儿园家园共育墙面环境创设的常见形式主要有家园共育栏和亲子活动报道墙两种类型,设计要点如表4-5。

表4-5　家园共育墙面环境设计

常见形式	设 计 要 点
家园共育栏	1. 取名。简洁温馨,如家园联盟、家园直通车、家园驿站等 2. 确定板块内容。家园共育栏常见板块有包括本周计划、健康快车、家教指南、请您配合、本周好宝宝、快乐学习、童言稚语等内容,结合家长的心理需求和教育习惯选择相应的共育内容 3. 设计版面。设计底板,适当装饰突出各版块的共育内容,颜色搭配、材料选择与班级主题环境创设统一 4. 制定、更新各版块内容。各板块的内容要紧紧围绕当周主题,且字体大小应便于每位家长阅读。按时更换家园互动栏各个板块的内容,注重家园联系持续性、动态化、有效性
亲子活动报道墙	1. 结合亲子活动主题,确定简洁温馨的名字。如亲子阅读活动之"好书推荐" 2. 结合亲子活动主题,确定板块内容。如"好书推荐"板块设置为:亲子阅读精彩瞬间、荐书理由、阅读心得、图书漂流等板块 3. 设计亲子活动主题版面。设计底板,适当装饰突出各版块的内容,颜色搭配、材料选择与班级主题环境创设统一 4. 制定、更新亲子活动主题的各版块内容。各板块的内容要紧紧围绕亲子活动主题,按时更换家园互动栏各个板块的内容,注重亲子活动报道的持续性、动态化

实例

图4-12　家园联系栏[①]

图4-13　亲子阅读活动之好书推荐[②]

---

① 图片来源:衡阳市衡钢幼儿园
② 图片来源:衡阳市实验二幼儿园

任务二　活动室活动区环境创设

学习目标

1. 能够理解创设活动室活动区的教育价值。
2. 能够整体规划不同年龄班活动室的活动区,掌握常见活动区域的创设要点。

学习内容

实习生可在教师指导下掌握区域环境空间布局、区域材料投放要点,为幼儿自由、自主、自选的区域活动创造条件。本部分内容结合幼儿园区域活动实际,具体阐释活动室活动区的规划布局及常见活动区的创设要点。

一、各年龄班活动室活动区的整体规划

幼儿教师不仅要掌握各年龄班活动室活动区整体规划布局的共性要点(如表4-6),更要具备依据不同年龄阶段幼儿发展特点和需要灵活规划活动区的能力,掌握各年龄班活动室活动区的规划(如表4-7)。

表4-6　各年龄班活动室活动区整体规划布局的共性要点

活动区整体规划布局的共性要求	种类数量大小确定	1. 活动区种类选择应基于幼儿兴趣,满足幼儿阶段性发展目标的需要,并根据季节、时间、事件等进行动态变化 2. 活动区数量:无具体数量要求,根据班级幼儿数量、活动兴趣、活动主题、活动室空间等设定 3. 活动区大小:根据区域承载的活动目标的重要程度、幼儿进区率高低、活动幅度、活动室空间等确定
	体系构成	1. 常规区。被普遍认同,各幼儿园常见的活动区,如语言区、建构区、角色区、美工区、生活区、益智区等 2. 特色区。各幼儿园中人无我有、人有我精、人精我特的活动区,在空间布置、材料投放、活动内容、活动指导、区域评价某方面特色突出,如茶艺区、木工区、刺绣区、棋艺区等 3. 主题区。伴随主题教学活动的开展诞生的区角活动,学习性更强
	布局要求	1. 空间创设,幼儿为本。(1)基于幼儿年龄特点和发展需要。(2)受幼儿喜爱。(3)支持幼儿全面发展 2. 空间分割,科学合理。(1)数量大小适宜。(2)考虑水源光源,动静分区,区域联动。如,用水的区域生活区、美工区需靠近水源,需要自然光的美工区、阅读区等可以安排靠窗靠门走廊处,种植区安排在过道走廊上;安静的区域(如阅读区、美工)与热闹的区域(如角色区、表演区)要有间隔;自然角的观察活动可以与美工区的美术活动结合;角色区可以紧邻建构区以便幼儿的创造性表现。(3)整体空间以及区间隔物的选择要便于视线穿透,保障教师纵览全局。(4)空间布局要留出流畅和安全的通道 3. 空间规划,因地制宜。(1)教室狭小活动区与集体活动区融合,教室宽敞活动区可单独规划。(2)挖掘睡眠室、班级走廊空间,家具一物多用减少占用面积。(3)做好收纳和物品管理工作

续　表

		4. 空间布局,和谐美观。(1)色彩的选择要符合幼儿的年龄特点,蓝色、绿色、粉色、黄色都比较适合幼儿园。(2)色彩的搭配要符合色彩的美学原则。(3)地面、墙面、立体空间之间相互呼应,分区、隔断、装饰与建筑风格一致,整体布局和谐有序
	创设方法	1. 隔断法:运用活动柜、桌椅、屏风等地面隔断物隔断划分区域大小及体现区域开放性 2. 标识法:根据区域特点匹配适宜的文字或图案作为区域标识,放置或悬挂于区域入口处 3. 悬挂法:悬挂网绳、纱帘、彩线、纸链等各种挂饰对活动空间进行划分,注意悬挂高度的适宜性
	规划流程	1. 画出班级平面图 2. 确定班级活动区种类和数量 3. 根据布局要求尝试排布并思考各活动区的布局 4. 结合班级特点布置具体活动区

表 4-7　各年龄班活动室活动区的规划

年龄班	发展特点	活动室活动区的规划
小班	1. 爱模仿,好奇好动 2. 语言交往能力较弱 3. 生活自理能力及协调能力较差 4. 处于家园过渡、群体生活适应期 5. 思维具有感性、具体形象	1. 活动区规划关键词:氛围温馨、贴近生活 2. 常设活动区:角色区(娃娃家、餐厅、超市、医院等)、生活区(生活技能)、建构区(易搬动垒高、容易拼插的材料)、阅读区(温馨美观、明亮安静)等 3. 其他活动:表演区、自然角、美工区、操作区、益智区等 4. 区域材料投放:品种少,数量多,满足幼儿平行游戏的需要
中班	1. 活泼好动,动手能力、表现欲望增强 2. 语言表达、阅读理解能力增强 3. 自主意识增强,喜欢交往,愿意合作 4. 思维能力、认知水平提升	1. 活动区规划关键词:促进交往、拓展经验 2. 常设活动区:语言区(倾听表达与阅读)、表演区(歌舞、故事表演)、建构区(主题合作建构)、益智区(合作探究)、美工区(表达创作)、科学区(体验探究乐趣)等 3. 其他活动区:自然角、生活区、音乐区等 4. 区域材料投放:材料丰富,功能多样,数量充足,满足幼儿联合游戏的需要
大班	1. 动作协调、灵活性进一步增强 2. 语言发展更加成熟,表达表现能力强 3. 认知水平更高,思维活跃,抽象思维萌芽 4. 自主意识更强,喜欢探究,乐于挑战,解决问题能力提升	1. 活动区规划关键词:幼小衔接、智力思维发展 2. 常设活动区:语言区(听说读写,系统性增强)、益智区(材料丰富,鼓励幼儿自制玩教具,添加棋类游戏)、建构区(大型主题分工合作建构)、表演区(歌舞、戏剧表演,形式多样)、美工区(自主创作)、数学区(拓展数学思维)等 3. 其他活动区:科学区、机械区、生活区等 4. 区域材料投放:材料丰富,功能多样,数量充足,更具挑战性,满足幼儿自主挑战和合作游戏的需要

图 4-14　蒙氏教室区域图①

二、幼儿园常见活动室活动区的创设

结合《3~6 岁学前儿童学习与发展指南》的各年龄段教育目标,与幼儿园五大领域相适应,幼儿园室内外可设置多种领域的活动区。健康领域:生活区、运动区、沙水区、建构区等;语言领域:语言区、阅读区、书写区等;科学领域:科学区、数学区、种植区、益智区、机械木工区等;社会领域:角色区、建构区、表演区等;艺术领域:音乐区、美工区、表演区等。其中在幼儿活动室最为常见的活动区主要有生活区、语言区、建构区、美工区、表演区、角色区、科学区、益智区。

(一) 生活区创设指导

1. 生活区整体布局要求。

(1) 位置最好靠近水源,毗邻互动性较强的区(如表演区、建构区)。

(2) 因地制宜分区,清洁区涉水与其他区隔离,可安排在盥洗室。

(3) 具有温馨感和可操作性,工具方便取放。

(4) 工具材料生活化,重视电器、刀具存在的安全隐患(摆放布局安全、增加安全提示)。

2. 生活区板块布局指导。

生活区常见板块主要包括清洁区、工具区、材料区和操作区,具体创设重点如表 4-8,可结合班级实际情况灵活选区创设。

附:表 4-8　生活区的创设

生活区的创设

① 图片来源:衡阳市自然树幼儿园

（二）语言区创设指导

1. 语言区整体布局要求。

（1）听、说、读、写功能区动静分区,故事表演、图书修补制作与阅读、书写区分开,减少干扰。

（2）各功能区因地制宜,读写考虑光线照明,视听靠近电源,故事表演考虑光线,靠近电源。

（3）设备易操作,工具、材料易取放并做好归类,材料营造书香氛围,凸显整体环境温馨感。

2. 语言区板块布局指导。

语言区常见板块主要包括阅读区、书写区、视听区、图书修补区和故事表演区,具体创设重点如表4-9,可结合班级实际情况灵活选区创设。

附:表4-9　语言区的创设

（三）建构区创设指导

1. 建构区整体布局要求。

（1）具有一定的空间需求,空间有限可利用睡眠室榻榻米、小阳台等空间。

（2）建构地面、桌面要平整,预留作品展示空间。

（3）材料摆放易取放并做好归类。

2. 建构区创设指导。

建构区常见板块主要包括材料区、操作区和作品展示区,且由于活动室大多一室多用,空间有局限,作品展示区多利用墙面和柜面。建构区的具体创设重点如下表4-10,可结合班级实际情况灵活调整创设。

附:表4-10　建构区的创设

（四）美工区创设指导

1. 美工区整体布局要求。

（1）靠近水源,空间要相对封闭,活动要开放自由。

（2）材料、色彩、造型等风格统一又富有变化,蕴含艺术气息。

（3）材料摆放易取放并做好归类。

2. 美工区创设指导。

美工区常见板块主要包括绘画区、手工区和欣赏区,美工区是各区中材料最丰富、耗材最快的区域,可从各板块的创设要求和材料投放两方面掌握美工的创设(如表4-11)。

附:表4-11　美工区的创设

（五）表演区创设指导

1. 表演区整体布局要求。

（1）区域规划动静相宜,靠近电源,可靠近建构区,远离需要安静的区域。

（2）布置美观、和谐,合理利用墙面、地面、区角柜、走廊等空间。

（3）材料分类投放,材料空间开放与封闭相结合,便于幼儿自主收拾整理。

2. 表演区创设指导。

表演区常见板块主要包括表演道具区、表演装扮区和舞台表演区,具体创设重点如表

语言区的创设

建构区的创设

美工区的创设

4-12,可结合班级实际情况灵活选区创设。

附:表4-12 表演区的创设

(六)角色区创设指导

1. 角色区整体布局要求。

(1)贴近生活,整体环境温馨适宜。

(2)远离静态区(如阅读区),区域内版块独立开放,适当利用橱柜分隔。

(3)材料分类投放,标识明确,便于幼儿自主收拾整理。

2. 角色区创设指导。

活动室内的角色区常设主题主要有娃娃家、医院、超市、餐厅等,具体创设重点如表4-13,可结合班级实际情况灵活选择创设。

附:表4-13 角色区的创设

(七)益智区创设指导

1. 益智区整体布局要求。

(1)区域操作性强,应充分利用墙面、柜面、桌面、区域之间的空地为幼儿提供自由操作空间。

(2)区域内动静分开,中大班尤其注意利用屏风等分隔物将安静操作和游戏竞赛区分开。

(3)材料分类投放,标识明确,便于幼儿自主收拾整理。

2. 益智区创设指导。

益智区内通常投放拼图、桌游、迷宫、棋类、智能设备等材料,具体创设重点如表4-14,可结合班级实际情况灵活选择创设。

附:表4-14 益智区的创设

(八)科学区创设指导

1. 科学区整体布局要求。

(1)因地制宜,科学区内板块应根据需要靠近水源、电源、光源。

(2)科学区需与表演区等相对吵闹的区域有一定间隔,确保安静的探究环境。

(3)利用墙面张贴实验步骤图、观察记录表和悬挂粘贴部分材料,材料拿取方便,但需要教师指导的探索材料需要封闭放置。

2. 科学区创设指导。

活动室内的科学区承担自然认知和科学探究两大任务,具体创设重点如表4-15,可结合班级实际情况灵活选择创设。

附:表4-15 科学区的创设

左侧二维码文字:
文案 表演区的创设
文案 角色区的创设
文案 益智区的创设
文案 科学区的创设

项目二　幼儿园大型活动指导

项目介绍

　　幼儿园大型活动是指有目的、有规划的、非个别班级师生参与的、具有一定规模的综合性的教育活动。大型活动策划一般流程是：计划、实施、总结。幼儿园常组织的大型活动主要有节庆活动、入园毕业活动、体能活动等。实习生可在指导老师的指导下，尝试制订大型活动的方案，并参与大型活动的策划与组织。

项目导航

```
                               ┌─ 幼儿园节庆活动 ─┬─ 六一活动的策划与组织
                               │                  └─ 新年活动的策划与组织
                               │
幼儿园大型活动指导 ────────────┼─ 幼儿园入园及毕业活动 ┬─ 新生入园活动的策划与组织
                               │                        └─ 毕业典礼活动的策划与组织
                               │
                               └─ 幼儿园体能活动 ─┬─ 运动会的策划与组织
                                                  └─ 远足活动的策划与组织
```

任务一　幼儿园节庆活动

学习目标

1. 了解幼儿园节庆活动策划与组织的主要内容。
2. 能尝试制订幼儿园节庆活动方案。

学习内容

　　幼儿园常组织的大型节庆活动主要有"六一"活动和新年活动，活动主要由教师组织策划，全园共同参与。实习生可在指导教师指导下参与节庆活动的策划与组织。活动方案的基本结构和主要内容如下。

一、"六一"活动的策划与组织①

（一）活动目标

"六一"活动的目标通常因幼儿年龄特点和活动主题不同而目标侧重点有所不同,主要包括体验节日的快乐,增进亲子情、师生情、家园情,感受成长的乐趣,提升园所整体形象和品牌等方面内容。

（二）活动主题

"六一"活动的主题丰富多样,常见活动主题有亲子游园会、文艺汇演、爱心义卖、勇敢者之夜、亲子运动会等。

（三）活动对象、时间、地点

1. 活动对象:幼儿园全体幼儿、教职工、家长(亲子活动时参加)。

2. 活动时间:6月1日当天或前一天。

3. 活动地点:幼儿园内。

（四）活动准备

"六一"活动的准备主要包括环境氛围准备、人员准备(教师、幼儿、家长等)、游戏准备或节目准备、活动奖品礼品准备、"六一"活动主题相关的其他物质准备等。

（五）活动内容及具体安排

"六一"活动根据活动主题确定活动内容及具体安排。除了人员、场地安排外,亲子游园会可安排开场、热身活动、亲子游园闯关活动等环节。文艺会演可安排开场、集体节目(教师、家长、幼儿)、幼儿才艺表演、互动游戏(结束活动)等环节。爱心义卖需安排开市、互动游戏、义卖活动、捐赠仪式等环节。勇敢者之夜需安排睡觉环境准备、寻宝游戏、篝火晚会、睡衣T台秀、睡前清洁、睡前电影、自主入睡等环节。亲子运动会可安排开场、入场式、升国旗奏国歌、代表讲话、运动技能竞赛、颁奖、趣味体育游戏等环节。

（六）活动突发状况应急预案

"六一"活动通常是全年级或全园师生、家长共同参与,活动需有应急预案,设置应对突发人员身体不适、音乐播放异常、进退场拥挤和其他紧急状况的应对办法。

实例　**童心向党　快乐成长——××幼儿园"六一"军拓游园活动②**

××幼儿园
"六一"军拓
游园活动

二、新年活动的策划与组织

（一）活动目标

新年活动的目标主要包括增进对传统节日文化的认知,体验迎新年的快乐,增进亲子情、师生情、家园情,提升园所整体形象和品牌等方面内容。

（二）活动主题

新年活动的主题突出,多是通过不同的体验活动带领幼儿庆元旦迎新年。如,亲子迎

---

① 资料来源:珠海市桃园幼儿园,有改动。

② 资料来源:珠海市桃园幼儿园,有改动。

新庙会、元旦文艺会演活动。

(三) 活动对象、时间、地点

1. 活动对象：幼儿园全体幼儿、教职工、家长（亲子活动时参加）。

2. 活动时间：1月1日前一天。

3. 活动地点：幼儿园内。

(四) 活动准备

新年活动的准备主要包括环境氛围准备、人员准备（教师、幼儿、家长等）、游戏准备或节目准备、活动奖品礼品准备、新年活动主题相关的其他物质准备等。

(五) 活动内容及具体安排

新年活动根据活动主题确定活动流程及具体安排。除了人员、场地安排外，亲子迎新庙会可安排庙会开场、舞狮舞龙表演、迎新节目、庙会开市、庙会游园活动等环节。文艺会演可安排开场、迎新节目表演、互动游戏等环节。

(六) 活动突发状况应急预案

新年活动一般是全年级或全园师生、家长共同参与，活动需有应急预案，设置应对突发人员身体不适、次序混乱、食物中毒和其他紧急状况的应对办法。

实例　玩转新年，虎福生威——××幼儿园迎新年庙会活动

文案

××幼儿园迎新年庙会活动

任务二　幼儿园入园及毕业活动

学习目标

1. 了解幼儿园新生入园和毕业典礼活动策划与组织的主要内容。
2. 能尝试制订幼儿园新生入园和毕业典礼活动方案。

学习内容

新小班入园活动和大班毕业典礼活动是幼儿进入和离开幼儿园的重要活动，活动主要由教师组织策划，全园共同参与。实习生可在指导教师指导下参与新生入园和毕业典礼活动的策划与组织。其活动方案的基本结构和主要内容如下。

一、新生入园活动的策划与组织

(一) 活动目标

新生入园活动主要针对新小班幼儿，其活动目标旨在帮助新小班幼儿缓解入园焦虑，适应幼儿园生活。

(二) 活动主题

新生入园活动的主题明确，多为入园适应。

（三）活动对象、时间、地点

1. 活动对象：幼儿园新小班幼儿、小班教师、家长。

2. 活动时间：报名审核完毕后和开学当天。

3. 活动地点：幼儿园内。

（四）活动准备

新生入园活动的准备主要包括温馨的环境氛围准备、人员准备（教师、新小班幼儿、家长等）、游戏和教学活动准备及新生入园活动主题相关的其他物质准备等。

（五）活动内容及具体安排

新生入园活动根据活动主题确定活动内容及具体安排。除了人员、场地等常规安排外，还可安排新生家长会、开学典礼、半日开放活动等内容。

（六）活动突发状况应急预案

新生入园活动针对所有新小班幼儿及家长，人数较多，且幼儿处于入园适应期，情绪不稳定，活动需有应急预案，设置应对突发人员身体不适、情绪波动极大、进退场拥挤和其他紧急状况的应对办法。

实例 | 携手你我他 爱上幼儿园——××幼儿园新生入园活动[①]

二、毕业典礼活动的策划与组织

（一）活动目标

毕业典礼活动是针对大班毕业的幼儿，其活动目标旨在通过活动让幼儿体验毕业离园的惜别之情，学会感恩，知恩于心、感恩于行，同时萌发对小学生活的向往之情。

（二）活动主题

毕业典礼活动的主题明确，即感恩惜别、展望未来。

（三）活动对象、时间、地点

1. 活动对象：幼儿园毕业班幼儿、大班教师、家长。

2. 活动时间：毕业离校前一天。

3. 活动地点：幼儿园内。

（四）活动准备

幼儿园毕业季活动丰富，毕业典礼活动是毕业季的结束活动，其准备主要包括毕业园内整体环境创设、毕业汇演舞台布置、服装道具与音乐准备、人员准备（教师、大班幼儿、家长等）、汇演节目编排、幼儿生活回忆视频制作、毕业生照片墙、毕业签名墙、成长门、信箱准备等。

（五）活动内容及具体安排

毕业典礼活动根据活动主题确定活动内容及具体安排。除了人员、场地等常规安排外，还可安排幼儿园生活回忆录、过成长门、毕业签名、毕业会演、感恩献花、寄给未来的一

[①] 资料来源：珠海市桃园幼儿园，有改动。

封信、颁发毕业证书等内容。

（六）活动突发状况应急预案

毕业典礼活动针对所有大班幼儿及家长，人数较多，易发生突发状况，活动需有应急预案，设置应对突发人员身体不适、会演音乐视频播放出错、设施设备故障、进退场拥挤和其他紧急状况的应对办法。

实例 爱·礼别——××幼儿园大班毕业典礼活动①

××幼儿园
大班毕业
典礼活动

任务三 幼儿园体能活动

💡 学习目标

1. 了解幼儿园运动会和远足活动策划与组织的主要内容。
2. 能尝试制订幼儿园运动会和远足活动方案。

📖 学习内容

运动会和远足活动是幼儿园常组织的大型体能活动，活动主要由教师组织策划，全园或全年级共同参与。实习生可在指导教师指导下参与幼儿园运动会和远足郊游活动的策划与组织。其活动方案的基本结构和主要内容如下。

一、运动会活动的策划与组织

（一）活动目标

幼儿园运动会面向全园幼儿，其活动目标主要包括体验运动竞赛与合作的乐趣，遵守规则，克服困难，体验胜利的愉悦。激发幼儿参与体育活动的积极性，发展身体协调性和灵活性，增强体质。增进亲子情、师生情、家园情，促进家园共育，提升园所整体形象和品牌等方面内容。

（二）活动主题

幼儿园运动会主题明确，主要围绕快乐运动、强健身体的理念，展现幼儿的运动技能和体验趣味运动游戏的乐趣。

（三）活动对象、时间、地点

1. 活动对象：幼儿园全体幼儿、教职工、家长（亲子活动时参加）。
2. 活动时间：一般安排在春季和秋季。
3. 活动地点：幼儿园操场。

（四）活动准备

运动会可以教师带领幼儿以班级为单位参与各年龄段活动，更常见的是以亲子活动的

---

① 资料来源：珠海市桃园幼儿园，有改动。

形式来组织。其活动准备主要包括运动环境、场地、器械准备,教师、幼儿及家长等人员准备,以班级为单位参加入场游行活动的准备,不同年龄段幼儿运动赛项设计与比赛物品准备,趣味运动游戏设计及游戏物品准备,运动会奖品奖牌(奖状)等。

(五)活动内容及具体安排

运动会活动主要包括开幕式、运动月和闭幕式三部曲。开幕式活动激发幼儿参与运动会的兴趣。运动月进行各班幼儿运动技能竞赛和开展趣味运动游戏,突出全园运动、全员运动的氛围,感受运动的快乐。闭幕式展现幼儿的运动风貌,体验与同伴、家长运动的乐趣。

(六)活动突发状况应急预案

运动会活动针对所有幼儿、教师及家长,人数众多易突发紧急情况,活动需有应急预案,设置应对突发人员身体不适(运动中受伤)、进退场拥挤、活动秩序混乱和其他紧急状况的应对办法。

实例 **童心梦　中国梦——××幼儿园传统体育趣味运动会①**

二、远足活动的策划与组织

(一)活动目标

远足活动的目标主要包括亲近自然,感受大自然因季节更替产生的变化,体验人与自然和谐的重要性,激发热爱大自然的美好情感,增强环保意识。感受集体外出活动的乐趣,知道外出活动的安全常识。拓宽视野,感受生活,增强集体意识,增进亲子情、师生情、同伴情、家园情等内容。

(二)活动主题

远足活动的主题丰富多样,常见活动主题有踏春、秋游、祭扫烈士陵园、走进民俗村、采摘园、动物园等。

(三)活动对象、时间、地点

1. 活动对象:幼儿、教师、家长(分年级组或者全园组织)

2. 活动时间:天气适宜的×月×日

3. 活动地点:公园、陵园、民俗村、采摘园、动物园等地。

(四)活动准备

远足活动的准备主要包括人员、安全、物资、活动等方面内容。

1. 人员:幼儿、教师、家长(组织亲子活动时参加)和其他工作人员。

2. 物资:场地布置材料、游戏和活动道具、奖品、班牌、安全保健药品、纸巾、一次性桌布、垃圾袋、饮用水、食物(可家庭自备)、幼儿轻便服装、汗巾等。

3. 游戏:提前设计游戏规则和玩法等。

4. 其他:活动地点、路线安全踩点(较远距离乘车/周边步行);提前做好安全教育;检查

---

① 资料来源:珠海市桃园幼儿园,有改动。

游戏器械、食品的安全等。

（五）活动内容及具体安排

远足活动应根据活动主题确定活动内容及具体安排。除了人员、场地等常规安排外，主要涉及集合（幼儿园统一组织乘车抵达集合地点或家长带领幼儿自行抵达按时集合）、集体远足活动、游戏活动（亲子游戏时光）、美味野餐等内容。

（六）安全应急预案

远足活动参与人数较多，易突发紧急情况，活动需有应急预案，设置应对突发人员身体不适、毒虫叮咬、食物中毒、受伤、活动秩序混乱和其他紧急状况的应对办法。

实例　　我们和春天有个约会——××幼儿园中班亲子春游活动

××幼儿园
中班亲子
春游活动

05

模块五　幼儿园实习中相关文本的表述

项目一　教育记录

项目介绍

　　想要真正了解孩子,做好教育记录非常重要。教育记录既可以作为对幼儿进行形成性评价的依据,也可以作为教师与家长沟通的依据。实习生需了解的幼儿园观察记录主要包括幼儿一日活动观察记录、幼儿晨间锻炼观察记录、幼儿区域游戏观察记录、幼儿午睡观察记录、幼儿午餐观察记录、幼儿离园观察记录、家长访谈记录等。

项目导航

教育记录
- 幼儿一日活动观察记录
- 幼儿晨间锻炼观察记录
- 区域游戏观察记录
- 幼儿午睡观察记录
- 幼儿午餐观察记录
- 幼儿离园记录
- 家长访谈记录

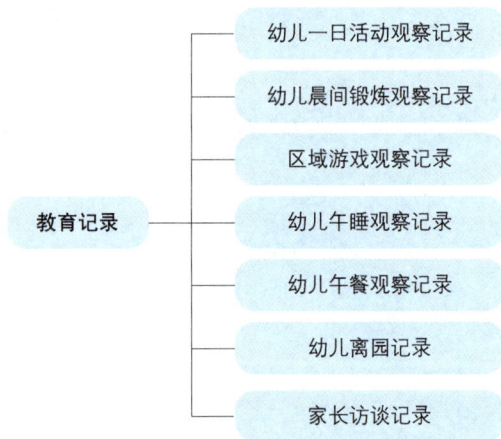

任务一　幼儿一日活动观察记录

　　幼儿园一日活动是指幼儿每天从入园到离园的全部活动。一日活动中的每项活动,都是促进幼儿全面发展的必要手段和过程,都应具有保育和教育意义。《幼儿园工作规程》第二十六条规定:"幼儿园一日活动的组织应动静交替,注重幼儿的直接感知、实际操作和亲身体验,保证幼儿愉快的、有益的自由活动。"科学合理地安排幼儿一日活动、提高幼儿一日生活的有效性是幼儿园至关重要的问题。

学习目标

1. 了解幼儿在园一日活动观察的内容。
2. 掌握幼儿一日活动观察记录的要点。
3. 能够做好幼儿一日活动观察记录,正确填写幼儿一日活动观察记录表。

学习内容

一、观察目标

观察幼儿园一日活动环节及对应的时间安排、主要活动内容等。让幼儿认识和了解幼儿在园的一日活动,为将来从事专业工作打下良好的基础。

二、观察内容

幼儿入园、早操、早餐、点心、教学活动、游戏活动、户外活动、午餐、午睡、如厕、午后户外活动等各环节的实践安排及主要活动内容。

三、观察记录要点

幼儿一日活动一般包括入园晨检、晨间活动、早餐、早操、点心、教学活动、游戏活动、户外活动、午餐、午睡、如厕、饮水、离园等活动环节。根据观察和调查,将幼儿一日活动按时间顺序及对应的主要活动内容填在表格中。比如入园晨检环节,时间在 7:30～8:00。主要活动内容是晨检和入园礼仪的养成教育。观察实录重在填写此项活动内容中幼儿的表现和教师对幼儿的指导。

1. 入园和晨检。重点观察与记录幼儿入园时的情绪、仪表、健康等状况是否正常,教师如何对个别情绪不佳的幼儿进行安抚;教师如何与家长进行简单的沟通;如何组织指导早到的幼儿进行简单的劳动或生活活动等。

2. 晨间活动。注意观察与记录活动前幼儿的衣着、热身活动情况;活动中幼儿的活动情况,包括活动量、出汗情况、情绪等,以及锻炼的内容,使用的材料,活动形式是否多样;活动结束后材料的整理等。

3. 进餐。重点观察教师如何创设愉快的进餐环境,如何激发幼儿食欲,如何照护特殊需要的幼儿(肥胖儿、体弱儿等),如何指导幼儿养成良好的进餐习惯。

4. 饮水。注重观察与记录各个年龄段幼儿的饮水量,观察教师如何指导幼儿养成良好的饮水习惯和学会饮水的技能。

5. 如厕。注重观察与记录厕所的环境创设和隐性教育内容;幼儿大小便情况;幼儿如厕时的卫生习惯;各年龄阶段幼儿如厕时的自我服务能力差异;教师如何指导幼儿养成良好的如厕自我服务能力等。

6. 睡眠。注重观察与记录午睡前教师做了哪些准备工作,教师如何指导幼儿养成良好的睡眠习惯;午睡中如何检查指导,排除安全隐患,教师如何安抚午睡中的特殊儿童(入睡困难的幼儿、不想午睡的幼儿、尿床的幼儿等);幼儿的睡眠姿势和睡眠状况;午睡前后教师如何指导和帮助幼儿掌握正确穿、脱衣物和整理床铺的方法。

7. 区域活动。注重观察与记录室内活动区的设置;游戏时每个活动区的人数、活动区的规则制定,区域内材料是否多样化、层次化;幼儿游戏时的行为和语言;教师的指导策略等。

8. 户外活动。注重观察与记录户外活动前场地、活动器械和活动内容的准备与要求;活动中规则的介绍、动作的示范、幼儿活动状况(包括活动量、精神状态、完成情况、心理品质等);教师的指导策略。

9. 集体教学活动。注重观察与记录活动内容的选择、活动准备是否充分、活动过程的实施、活动目标的达成情况。

10. 离园。注重观察与记录离园时教师如何组织幼儿活动,如何与家长进行沟通。

四、观察例表(表 5－1)

表 5－1　幼儿一日活动观察记录表

班级	大一班	观察人员	林丽	观察日期	2021.10.20
时间	内容	观　察　实　录			
7:30～8:10	入园、晨检	幼儿接受晨检,情绪愉快,在老师的欢迎下进入幼儿园和班级。在老师的协助下大部分幼儿将书包放入自己的柜子。老师与幼儿交谈或做适当的放松小游戏			
8:10～8:40	早餐	幼儿较为安静地吃早餐,萌萌不太愿意吃早饭,想要老师喂。玲玲不吃鸡蛋黄			
8:40～8:50	如厕、喝水	幼儿排队喝水、如厕,自理能力强。洗手时明明把水洒在地上,自己拿拖把拖干净了			
8:50～9:20	晨间锻炼	幼儿去户外做早操。做操前,幼儿的衣服、鞋帽都已穿戴好,带上汗巾。在教师的带领下,做操锻炼身体。出汗量适中,情绪良好			
9:30～10:00	教学活动	幼儿积极参与,认真听故事,能大胆地表达自己的想法			
10:10～11:10	区域游戏	幼儿按照自己的意愿进区游戏。每个区域大致4～5人。娃娃家里幼儿给宝宝做饭,照护宝宝。建构区里幼儿在合作搭积木			
11:20～11:50	午餐	幼儿排队领取午餐,坐在自己的位子上进餐。进餐习惯良好,只有个别幼儿喜欢讲话			
12:10～14:20	午睡	幼儿自己穿脱衣服,做好各项入睡准备。睡眠习惯良好			
14:50～15:20	户外活动	幼儿去到攀爬区走独木桥,教师讲清楚规则,幼儿排好队,一个接一个地走。有的幼儿不能独立过桥,教师适当地协助,保障幼儿安全			
17:00～17:20	离园	教师组织幼儿进行桌面游戏,等待家长来接。与家长简要沟通幼儿在园情况			

任务二　幼儿晨间锻炼观察记录

晨间锻炼是幼儿在园一日生活的开端,应重视每个晨间的黄金时段对幼儿健康的教育,每天合理有效地组织晨间的户外活动,不仅能促进幼儿身体正常发育,发展幼儿的身体素质和基本的活动能力,提高幼儿集体对外界环境的适应能力,也是培养幼儿优良品德和促进幼儿社会化的重要途径。

学习目标

1. 了解幼儿晨间锻炼观察的内容。
2. 掌握幼儿晨间锻炼观察记录的要点。
3. 能够做好幼儿晨间锻炼观察记录,正确填写幼儿晨间锻炼观察记录表。

学习内容

一、观察目标

通过观察,了解幼儿晨间锻炼情况。

二、观察内容

1. 晨间锻炼场地。
2. 材料的提供、器械的选择。
3. 幼儿反应。
4. 个别幼儿的问题。

三、观察要点

1. 晨间锻炼要保障幼儿的安全,注意观察活动场地、玩具材料、器械是否安全。锻炼的内容是否符合幼儿年龄阶段和发展水平。
2. 注意观察幼儿所使用的材料。
3. 观察幼儿在活动中的精神状态,出汗情况,活动参与情况。
4. 注意观察个别幼儿在晨间锻炼中的问题。比如无目的观望,不参与活动,频繁交换器材,干扰别人活动,需要教师的帮助。

四、观察例表(表5－2)

表5－2　幼儿晨间锻炼观察记录表

班级	大一班	观察人员	林丽	观察日期	2021.04.08
安全状况	场地、材料和设备都已检查,安全。锻炼内容符合班级幼儿身心发展水平				
材料准备	若干个羊角球				
幼儿反应	大部分幼儿积极参与羊角球游戏,想各种玩法,并与其他小朋友合作游戏。出汗量不多,情绪愉快				
观察实录	教师带领幼儿来到操场上,跟随音乐做律动,活动身体。接着出示羊角球,示范玩法,指导幼儿练习。乐乐很喜欢玩羊角球,她拿了一个大大的羊角球,坐在球上跳着玩,玩了一会,兴趣降低了,她开始观看其他小朋友活动。过了一会儿,她又拿起羊角球,把球放在两条腿中间,夹着球往前跳。练习了一会后,她走到琪琪旁边,想和琪琪一起玩,她们想到了两人面对面合作搬运羊角球的玩法,开心地玩起来				
个别幼儿的问题	浩浩小朋友比较胖,不爱运动,不愿意参与游戏				
分析与建议	整个活动下来,幼儿的活动强度适中。但玩羊角球对于大班孩子来说难度不够。有些幼儿玩到后面,兴趣不高了。教师可适当增加难度,如坐在羊角球上跳着穿越障碍物,夹着羊角球取物等。对于不爱参与活动的幼儿,先了解清楚原因,再有针对性地采取措施				

任务三　区域游戏观察记录

《幼儿园教育指导纲要》明确指出:"幼儿以游戏为基本活动。"游戏是最符合幼儿的年龄特征,能促进幼儿体、智、德、美全面发展,是幼儿园的重要教育手段。做好区域游戏的观察与记录,也是实习生必备的一项专业技能。

学习目标

1. 了解区域游戏观察的内容。
2. 掌握区域游戏观察记录的要点。
3. 能够做好区域游戏观察记录,正确填写幼儿游戏观察记录表。

学习内容

一、观察目标

通过观察幼儿在区域游戏中的行为,了解幼儿表现,进而分析幼儿的行为,进行有针对性地指导。同时通过反思评议,提出改进策略与建议,促进各类区域活动的深入开展和游戏水平的不断提高。

二、观察内容

1. 游戏环境布置。
2. 幼儿游戏中的表现。
3. 教师的指导策略。

三、观察要点

1. 观察区域活动的时间安排,每个区域活动参与的幼儿人数。
2. 观察班级区域设置是否科学合理。(每个班区域4~6人)。
3. 观察活动内容要考虑幼儿的兴趣和发展需要。
4. 观察游戏材料的投放。一是投放了哪些游戏材料。二是活动材料是否体现教育意图,了解所投放材料对幼儿发展的作用和玩法。三是投放的材料是否有层次性、可操作性和适宜性。需考虑多方面因素:幼儿的发展水平和需求;能满足幼儿活动的需要;材料数量种类适宜;材料摆放适宜,便于幼儿取放;提供的材料应有成品、半成品或替代物等。
5. 观察幼儿。一是观察幼儿的活动是否有主题,幼儿能否与同伴互相商量主题,并按照主题共同活动,主题是否容易受他人影响而偏离。二是投放的材料是否满足幼儿的实际需要,是否尊重幼儿发展的差异性。幼儿对材料的选择、喜欢和使用情况。三是观察幼儿在活动中的个性品质表现,主要包括幼儿对游戏规则的遵守情况、探索性、创造性、独立性、沟通合作能力等。四是观察幼儿的兴趣点,有没有什么变化,游戏中需要幼儿积累怎样的经验。
6. 观察教师的指导方法与策略。根据实际情况调整区域内容、增补区域材料等。

四、观察例表(表5-3)

表5-3　区域游戏活动观察记录表

班级	大三班	观察日期	2021.11.05
指导教师	李婷	观察时间	15:30~16:00
游戏名称	照相馆	游戏类型	角色游戏
游戏环境创设 (游戏场地及材料投放)		摄像机、各式各样的服装、装饰物、柔光灯、背景墙、角色牌	
活动过程	幼儿表现	多多戴上了工作人员的角色牌,拿着宣传照招呼着跟前来回走过的小伙伴。"快来拍照啊,我们拍的照片很好看"。玲玲停下来,问:"我想拍照,你们能拍当公主的照片吗?""可以啊,你进来看,我们有公主裙呢!" 玲玲把公主裙套上,工作人员带她到摄影师处,准备拍照。"等等,脸上还没有化妆呢!"化妆师月月喊着。化妆打扮好了,摄影师强强说:"来,笑一下,站在这个背景墙前,很好"。咔嚓一声快门按了下来。此时一旁等待的佳佳看了看服装,问:"还有其他衣服吗?这些我都拍过。"当得知没有时只好摇头走开了。接下来,多多接待了几个客人后,生意冷清了起来。她们在照相馆里东张西望	

教师引导	李老师走进照相馆,拿出一件衣服说道:"我今天带了自己的衣服请你们帮我拍照,可以吗?""可以,但你的衣服可以穿吗?"强强看着李老师用报纸剪出来的衣服,一脸疑惑地说。"当然可以。"李老师边说边将衣服披在肩上。强强马上拿起摄像机拍照。正拍着,李老师接了一个电话后立马起身,说"我要走了,这衣服先放你们这,我改天来拿。还有,我听隔离美发店老板说,她们的客人很喜欢拍照,你们可以去那里招揽生意。"李老师走后,月月和强强将此衣服给客人穿上拍照,多多去隔壁美发店招揽生意。客人少时,他们还用各种材料(报纸、卡纸、塑料袋等)制作"衣服"
活动评议	1. 幼儿在游戏中相互合作配合,使得照相馆正常运作。在与客人的交流中锻炼了语言表达能力和胆量。制作"衣服"又进一步发展了幼儿的想象力和创造力。多多的语言表达能力和动手能力强 2. 当教师看到游戏无法很好地推进时,教师以角色身份加入游戏,与幼儿良好互动,并适时地退出游戏。教师通过引导,推动了游戏情节的发展,并激发了幼儿的创作兴趣,获得愉悦的体验 3. 在下次游戏前,教师还应增补一些游戏材料。可以引导幼儿进一步认识材料,比如柔光灯

任务四　幼儿午睡观察记录

幼儿午睡是一日活动中的重要环节,良好的睡眠对促进幼儿身体正常发育和技能的协调发展,培养良好的生活习惯和参加体育活动的兴趣,增强幼儿体质起着重要的作用。幼儿午睡质量的好坏直接影响到下午的学习生活活动,作为教师,有责任也有义务为幼儿创设良好的睡眠环境,组织和管理好午睡。

学习目标

1. 了解幼儿午睡观察的内容。
2. 掌握幼儿午睡观察记录的要点。
3. 能够做好幼儿午睡观察记录,正确填写幼儿午睡观察记录表。

学习内容

一、观察目标

通过对幼儿午睡情况的观察,了解幼儿午睡习惯、生活自理能力、教师对特殊儿童的管理情况。

二、观察内容

1. 幼儿午睡的环境。
2. 幼儿生活自理能力。
3. 特殊儿童的管理。

三、观察要点

1. 午睡前。观察睡眠室的环境和布置,如声音强度是否适宜,光线是否适宜。教师是否有做睡前准备或检查。如组织幼儿排尿、组织安静的活动等。

2. 午睡时。观察幼儿睡姿是否正确,睡眠卫生习惯是否良好。观察教师是否有巡视,及时发现问题并及时处理。

3. 午睡后。观察教师如何组织幼儿起床,指导与帮助幼儿穿衣、整理床铺等。注意观察幼儿外部表现:精神、皮肤、呼吸等。

4. 观察幼儿穿脱衣物、整理床铺等生活自理能力掌握得如何。能否自己独自进行,还是需要老师的指导或帮助。

5. 观察午睡时特殊儿童的行为(包括精力旺盛不想午睡的幼儿、生病的幼儿),以及教师的做法。

四、观察例表(表5-4)

表5-4　幼儿午睡情况观察记录表

幼儿班级	小一班	观察人员	林丽	观察日期	2021.12.10
内容	实　录				
睡前准备	幼儿已如厕大小便,绝大多数幼儿能够自己脱鞋和袜子,能够在老师的协助或提示下脱衣裤,并整齐叠好,摆放在固定位置。明明在脱了衣服后,把衣服搂成一团,和旁边的小朋友打闹,在老师的提醒下,放好衣服,躺进被子里睡觉				
睡中看护	大部分幼儿能够自主入睡。教师在巡视中发现乐乐一直翻来覆去睡不着,拽着被角在玩,时不时坐起来看看。教师走到乐乐面前,询问原因,乐乐说想妈妈了,睡不着。教师轻声告诉他,老师会在旁边陪着他,试着闭上眼睛安静睡觉,起床后奖励贴纸,乐乐点点头。躺在床上,老师轻轻地拍拍乐乐的背,乐乐闭上眼睛,一会又睁开眼睛看看老师,发现老师在看着她,就立刻闭上。几个回合后,乐乐睡着了				
睡后组织	大部分幼儿起床第一时间能自己穿衣裤,悠悠起床后坐起来发呆,或者只顾和旁边的小朋友说话。在老师的提醒下,也能快速调整,穿好衣服。玲玲的鞋子需要系鞋带,她主动请李老师帮助她把鞋带系好				
生活自理	幼儿能按需大小便,有部分幼儿能独立穿脱衣服,冬天衣服比较厚,套头的毛衣还需要老师协助。起床后绝大多数幼儿不会整理被褥,只有几个自理能力强的幼儿能叠被子				
睡眠习惯	大部分幼儿睡姿良好,仰卧、侧卧的都有;睡觉时用鼻子呼吸,不蒙着头睡觉。悠悠小朋友俯卧入睡				
特殊儿童的管理	壮壮小朋友不喜欢午睡,每到午睡的时候,都不情愿地挪到床上,翻来覆去,不想主动入睡。问其原因,得知在家从不睡午觉。老师们耐心引导,多次鼓励其尝试入睡,但并不强制。壮壮渐渐不排斥睡午觉,入睡的时间也渐渐缩短				
分析与建议	午睡前,教师可再次向幼儿明确午睡要做的事情,讲清楚规则,并告知幼儿良好的睡眠习惯有哪些;给幼儿读绘本故事,助其入眠。加强幼儿生活自理能力的培养,鼓励幼儿自己的事情自己做好。如对幼儿穿脱不同类型的衣服、叠被子给予指导				

任务五 幼儿午餐观察记录

进餐是幼儿在园的重要活动之一。对于3～6岁幼儿,进餐在供给其生长发育所需要的足够营养的基础上,帮助其建立良好的饮食习惯,是幼儿园工作的一项重要内容。

学习目标

1. 了解幼儿午餐观察的内容。
2. 掌握幼儿午餐观察记录的要点。
3. 能够做好幼儿午餐观察记录,正确填写幼儿午餐观察记录表。

学习内容

一、观察目标

通过对幼儿午餐情况的观察,了解幼儿午餐习惯的养成情况,以及个别幼儿在进餐中的问题,特殊儿童进餐管理。

二、观察内容

1. 幼儿进餐环境。
2. 班级幼儿进餐习惯。
3. 个别幼儿在进餐中的问题。
4. 特殊儿童的管理。

三、观察要点

1. 用扫描法对全班幼儿的午餐习惯进行观察,对每个内容给出评定的等级,最后做出总体评价意见。
2. 观察与记录午餐膳食、进餐环境(可从物质环境和精神环境两方面描述)。
3. 观察幼儿的进餐情况。如进餐前是否洗手、进餐的情绪状态、进餐习惯等。
4. 观察教师指导与帮助策略与方法。如创设良好的环境,使幼儿享受进餐过程。发现幼儿进餐中的个别问题,并针对不同的问题进行分析与指导。例如,不会使用餐具、不会吃饭、不会收拾餐具的幼儿要个别指导,坚持指导;忘记收拾餐具的幼儿可以集体提醒;不愿进餐的幼儿可以劝解但不能强迫;边吃边玩、边说边笑打闹的幼儿要温和制止。

四、观察例表(表5－5、表5－6)

表5－5　幼儿午餐观察记录表

班级	小二班	观察人员	林丽	观察日期	2021.11.09
观察内容	观察实录			分析与建议	
膳食制作与搭配	香干肉末、西兰花炒虾仁、大骨汤、小米饭			颜色搭配好,能激起幼儿食欲;荤素搭配、干湿搭配,粗细粮搭配,营养全面。午餐在食物的安排上要尽量多变,在种类和烹饪方法上也要经常变动,要选用新鲜当季蔬菜	
进餐环境	进餐区域光线充足、空气流通、温度适宜、餐具清洁美观、桌椅已消毒 进餐氛围良好,教师播放了柔美的音乐,幼儿情绪愉快			进餐环境包括物理环境和精神环境。良好的进餐环境能调动幼儿进餐的积极性	
幼儿用餐情况	大部分幼儿能独立进餐,专心吃饭。有少部分幼儿进餐习惯不良,如,杰杰捡起掉落在桌面上的饭菜吃;睿睿把肉挑出来不吃,吃饭时东张西望			对于进餐习惯不良的幼儿,需要教师加强引导。如可在进餐前请幼儿猜猜今日菜名,介绍饭菜中所富含的营养元素;鼓励和树立榜样相结合;家园合作等	
个别幼儿的进餐问题	琪琪小朋友歪扭着身子坐在椅子上,一手拿着小勺子把儿的顶端,来回晃勺子。过了一会,很不情愿地把一口饭送进了嘴里含着,期间由于手没拿稳勺子,饭还洒了不少。好不容易吞下去,过会又开始东张西望,大多数小朋友已经吃完了,可琪琪的饭还剩很多			从琪琪妈妈处得知,从小琪琪动作协调性较差,刚开始学习吃饭时,常搞得饭粒满身,汤汁四溅。家人过于急躁,又担心孩子吃不饱,便一直都是给她喂饭。久而久之,琪琪养成了不良的进餐习惯。建议:与家长达成共识,共同培养琪琪的进餐习惯。要告知琪琪,吃饭时要规矩地坐在饭桌前,定位定量,专心吃;其次要教琪琪正确使用勺子的方法;再次,进餐气氛要轻松愉悦,餐前可向琪琪说说食物营养与美味;最后,教师可将进餐好习惯融入教学活动和游戏活动中	
体弱、肥胖儿童的特殊管理	体弱儿:李依依,刘子琪 这两个小朋友体格瘦小,比较挑食,食欲不佳 肥胖儿:陈睿强 食欲很好,爱吃肉食,进餐速度很快			对于体弱儿,要合理调整饮食,纠正挑食等不良饮食习惯,加强体格锻炼;和家长沟通,采取相应的治疗方法,多补充一些高热量食物;提醒幼儿平时不宜穿得过多,否则影响血液循环和肠蠕动进而影响食欲 对于肥胖儿,要常提醒幼儿不要吃得过饱,速度要慢,饭前喝汤,多吃蔬菜水果,少吃荤菜和谷类;加强体格锻炼;与家长联系,引起家长重视,与幼儿园一起配合,科学锻炼,合理饮食	

表5-6 幼儿午餐习惯观察记录表

班级	大三班	观察人员	林丽	观察时间	2021.11.10

项目	内容	幼儿表现			
		◎	√	△	×
进餐前	1. 餐前情绪安定愉悦,能按时就餐	◎			
	2. 餐前能主动正确洗手,并保持手的清洁,不乱摸其他东西	◎			
进餐时	1. 能坐在自己的位子上安静等待就餐,不大声喧哗	◎			
	2. 保持正确的进餐姿势,如坐姿端正,左手扶碗,右手拿勺,胸部靠近餐桌	◎			
	3. 会正确使用勺子或筷子,做到不发出很大声响,安静和独立进餐		√		
	4. 能细嚼慢咽,吃自己碗里的饭菜,一口饭一口菜		√		
	5. 专心进餐,不打扰,不边吃边玩		√		
	6. 做到不掉米粒、饭菜,不剩饭,基本保持桌面和衣服的整洁		√		
	7. 不挑食、不偏食		√		
	8. 饭前喝汤,能主动要求喝汤	◎			
	9. 能把骨、刺和壳放在餐盘中	◎			
	10. 用餐时间控制在30分钟左右		√		
进餐后	1. 能主动漱口擦嘴	◎			
	2. 能收拾好自己的餐具,轻轻摆放好	◎			
	3. 在指定位置坐下休息,不剧烈运动	◎			
	4. 能有序地跟教师进行餐后散步	◎			
情况分析及改进措施	从整体上看,大三班幼儿的进餐习惯良好,这与他们从小班就养成的良好常规密不可分。但进餐过程中,依然有部分幼儿容易出现不注意卫生、分心、吃饭拖拉、挑食偏食等现象。究其原因,主要有幼儿深知教师脾气,比较调皮,喜欢挑战教师;与幼儿当天的情绪状态息息相关;从小进餐习惯不佳。建议教师重视进餐习惯的培养,加强对幼儿的引导,树立榜样,多给予幼儿表扬与鼓励,加强家园合作等				

备注:◎幼儿做得很好、√基本能做到、△在教师或同伴提醒下能做到、×做不到。

任务六　幼儿离园记录

　　幼儿离园是幼儿园一日活动中必不可少的环节,是保教融合的有机载体,是家长了解幼儿园的一个重要窗口,是促进幼儿各方面发展的平台。幼儿离园活动组织得如何,是教师教育观念和教育基本技能的展现。有序有效的离园活动,能给幼儿一日生活画上圆满的句号。

学习目标

1. 了解幼儿离园观察的内容。
2. 掌握幼儿离园观察记录的要点。
3. 能够做好幼儿离园观察记录,正确填写幼儿离园观察记录表。

学习内容

一、观察目标

通过观察幼儿离园,了解幼儿离园活动的流程、教师和保育员的工作要求。

二、观察内容

1. 幼儿离园的常规工作。
2. 幼儿离园活动流程。
3. 幼儿离园时的心理状态和情绪。
4. 幼儿和保教人员的行为。

三、观察要点

　　1. 观察幼儿离园的常规工作。主要包括整理穿戴、安全卫生检查、提醒物品带回家、安全教育、与家长交流等。

　　2. 观察幼儿和保教人员在离园过程中各进行了哪些活动。如离园前教师检查和整理幼儿衣物、清点人数、进行离园前谈话、进行安全和文明礼貌教育、安排幼儿适当的安静活动、提醒幼儿离园步骤;离园时与家长问好、交流、道别,严防幼儿走失或被不认识的人带走,给未及时被接走的孩子组织适当的活动,离园后,做好活动室的清洁卫生。

　　3. 观察整个班大多数幼儿离园环节的心理状态和情绪。是否情绪稳定、愉悦、愿意等待。

四、观察例表(表5-7)

表5-7　幼儿离园记录表

幼儿班级	中三班	观察人员	林丽	观察时间	2021.11.10 16:40～17:10
离园常规工作					

离园常规工作	检查幼儿仪表,提醒幼儿带好回家的用品,准确识别家长,与家长交流等				

内容	幼儿	保教人员
离园前	1. 情绪愉快 2. 在老师的提醒或帮助下能自己整理衣物 3. 在自己喜欢的区角玩游戏,大部分幼儿能主动参与活动。有少数幼儿在活动室乱跑 4. 按类别整理好自己的物品,有几个幼儿出现错拿错放的现象	1. 相互配合,帮助并鼓励幼儿尝试整理衣物 2. 组织幼儿谈话及区域活动 3. 组织幼儿整理物品、准备离园
离园时	1. 将区域内玩具、图书等物品放回原处,带好自己的物品 2. 主动与保教人员、同伴道别 3. 在保教人员视线内活动,不独自跑到活动室外玩耍或找家长 4. 不随意和陌生人走,知道自我保护的方法	1. 相互配合,组织幼儿安全、有序离园 2. 培养幼儿良好的离园常规 3. 与家长沟通
离园后	家长还没来的幼儿耐心等待家长	安抚幼儿情绪,做好室内外幼儿用品及活动环境的清洁、整理和消毒工作,关好水电、门窗等,确保安全
幼儿心理状态和情绪	全班幼儿情绪很稳定、愉悦	
分析与建议	对于在教室乱跑的幼儿,与其交流后得知,他觉得大家都在区域里玩,活动室其他地方没有人,很适合跑来跑去,而且他现在不想进区域玩。建议首先要对幼儿进行安全教育。其次,组织幼儿感兴趣的活动。对于整理物品时错拿错放的幼儿,建议教师采用提醒、帮助和鼓励等方法培养幼儿良好的取放物品的习惯	

任务七　家长访谈记录

　　家长访谈是做好家长工作,实现家园合作的重要途径之一。幼儿教师可根据幼儿情况,定期开展家长访谈,与家庭建立密切联系,经常相互沟通情况,才能达到配合一致教育幼儿的目的。

学习目标

1. 了解家长访谈记录的内容。
2. 掌握幼儿家长访谈记录的要点。

3. 能够做好家长访谈记录,正确填写家长访谈记录表。

学习内容

一、访谈目标

通过与家长访谈,了解幼儿在家情况,反馈幼儿在园信息,收集家长建议和意见。

二、访谈内容

1. 幼儿在家情况。
2. 幼儿在园情况。

三、记录要点

1. 记录与家长谈话内容。就孩子在园情况和在家情况互通有无。
2. 针对幼儿的情况,家长可提出一些意见,教师提出一些指导建议。

四、幼儿园家长访谈记录表(表5–8)

表5–8 幼儿园家长访谈记录表

班级	小一班	幼儿姓名	刘贝贝	家长姓名	李玲玲	访谈时间	2021.9.28
访谈地点	活动室	访谈方式	面谈	访谈教师	林丽		
访谈内容	刘贝贝是一个性格内向的小女孩,平时总是一个人玩,和小朋友很少交流。在教学活动中,教师请她回答问题,她也是不说话。在日常生活方面,刘贝贝的自理能力比较弱,进餐习惯不良,不爱吃饭,几乎每次都是要老师催促才能吃						
家长反馈	贝贝是个早产儿,身体一直比较瘦小。她一岁之后都是奶奶带,我和她爸爸出去打工了。奶奶没有读过书,性格内向,不爱说话,对贝贝非常好,生怕她饿着,饭都是奶奶一口一口喂						
教师建议	1. 父母陪伴贝贝,多和她交流,带她出去与其他小朋友一起玩耍 2. 多鼓励贝贝,坚持正面教育,对贝贝的进步要给予肯定和表扬 3. 给予更多的耐心,教会贝贝生活自理的方法,引导贝贝独立进餐,培养贝贝良好的进餐习惯 4. 增强营养,加强运动						

项目二　幼儿园说课与教学反思

项目介绍

说课是教师将教材理解、教法及学法设计转化为具体活动的一种课前预演,也是督促教师进行业务学习和教育教学研究、提高业务水平的重要途径,还是评估教学水平的有效手段。教学反思是指教师对教育教学实践的再认识、再思考,并以此来总结经验教训,进一步提高教育教学水平。本项目主要介绍说课的内容、实施以及教学反思的内容。

项目导航

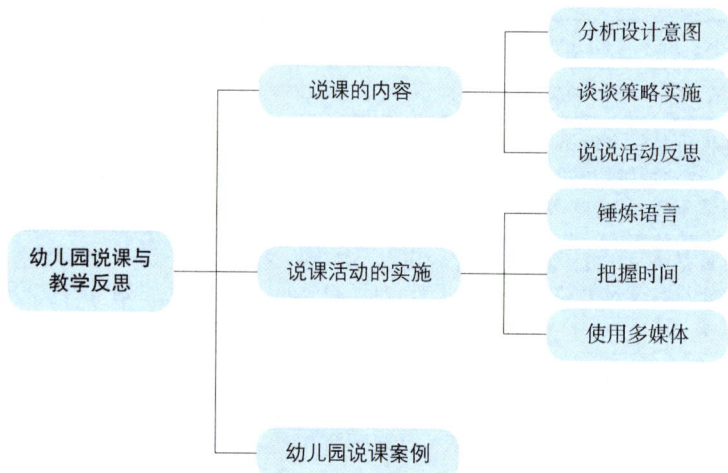

学习目标

1. 了解说课、反思的具体内容。
2. 掌握说课的实施注意事项,能够撰写说课稿。

学习内容

一、说课的内容

幼儿园说课是指幼儿园教师用口头语言的方式表述本次活动的设计意图、理论依据、活动目标、重难点的解决、活动过程的设计、师幼之间的互动等。简单地说就是阐述清楚"教什么""怎么教"和"为什么这么教"的问题。

说课内容是完成说课活动的前提和关键。说课内容一般包括活动内容、活动目标、活动准备、活动流程、活动期望等方面。幼儿园的说课主要从分析设计意图(是什么)、谈谈策略实施(怎么做)、说说活动反思(为什么)三大块来进行阐述。

(一) 分析设计意图

分析设计意图就是要清楚地回答说课的内容"是什么",主要包括教材分析、活动目标、重难点等内容。

幼儿园教材的选择途径较多,说清选择教材的目的或教材的来源是教材分析的第一步。来源于主题活动,就应说清本活动内容在主题中的地位;来源于日常生活,就应说清为什么从生活中选择这一内容。

活动目标是活动设计的重要部分,在阐述活动目标前,教师可适当分析一下制订目标的理论依据和自己的认识,从认知、技能与情感态度三方面提出具体的目标。在说课时教师还应对重难点进行简单的分析,说清重难点是什么、为什么以及如何突破这三个问题。

(二) 谈谈策略实施

策略实施就是要清楚地回答"怎么教",包括如何做好活动前的准备与如何开展活动流程。

活动准备包括物质方面的准备和经验方面的准备。具体说明活动准备及其与具体活动目标及内容、与幼儿的适应性关系,让听者了解你对教学准备的思路,有利于他们对后面流程的理解。

活动流程要说明活动步骤、活动的方式方法及其与目标、与幼儿的适应性关系,说明各步骤之间的适应性关系及其时间分配,让听者明白你具体要怎么做和为什么这样做。因此,首先要说清"总共有几个大步骤",其次要说清各步骤"教师是怎么引导的""为什么这样引导""孩子是如何自主学习的",同时也要说清"每个步骤需要完成哪个主要的目标""选择什么教学方法来突破教学的重难点"。此外,在说怎样引导时还要说清各步骤的时间处理、效果预期以及可能出现的问题等。

(三) 说说活动反思

教学反思是教师以自己开展的活动为思考对象,对自己所做出的行为、决策以及由此产生的结果进行审视和分析的过程。

教学反思的内容主要有教学活动的目标是否全面、具体、可操作、科学性等;活动内容是否符合幼儿兴趣与需要,贴近幼儿的生活经验,活动容量是否适中,活动重难点是否突出等;活动过程设计是否有层次感,各个环节是否服务于活动目标,活动的细节是否处理得当等;教学方法运用是否恰当、适宜等;师幼互动效果如何,活动环境和氛围是否是轻松、平等;活动效果如何,是否达成教学目标。

可以从以下三个方面撰写教学反思:

1. 目标达成情况。分析活动目标的达成情况及达成与否的原因,如目标定位、内容选择、活动策略的利与弊、活动现场与回应的有效性等。

2. 幼儿活动状况。包括分析幼儿参与程度、兴趣、情感等情况;分析幼儿经验建构、方法掌握等情况;反思师幼互动、教学活动过程性评价等状况。

3. 改进思路。对活动中的缺点与错误进行反省,根据活动效果,说明具体改进思路。此外,教师还可以通过畅谈自己的困惑,由一个活动引申到对系列活动的反思,更好地表达自己的教育教学理念与追求。

二、说课活动的实施

说课本身是个动态生成的过程,要求说者比较系统地介绍自己的教学设计及其理论依据,是说者与听者相互交流的过程。说课的核心在于说,在于说清为什么要这样教,说课的重点在于教学重点和教学难点的突破上。在说课过程中,要注意把握以下三点:

(一)锤炼语言

说课重在说,需要教师用生动形象、抑扬顿挫、富有感染力的语言来表述;同时需要教师注意节奏和肢体动作,使体态语言与说课内容相得益彰。此外,表述应具有较强的针对性,简练干脆,前后连贯紧凑,过渡流畅自然。

(二)把握时间

教师对于说课时间的把握非常关键。时间若太短,教师没办法阐述清楚自己的思想和观点;时间若太长,听者会感觉很累。因此,在规定时间内,教师应明确几大环节阐述时的时间分配。

(三)使用多媒体

在说课时,自然而有效地使用多媒体,要注意将现代化的电教器材组合在说课的主体里,来刺激听者,使说课更加生动,从而取得最佳效果。

三、幼儿园说课案例

中班数学活动"扑克牌排队"说课稿

今天,我说课的内容是中班数学活动"扑克牌排队"。下面我将根据自己的认识和理解,从设计意图、策略实施、活动反思三方面来陈述。

一、说设计思路

扑克牌是人们常玩的一种娱乐工具,孩子们平时容易接触到。扑克牌上有许多数字,与数学活动中的操作数卡相似。中班幼儿对数字实际意义理解能力有所提高,协调能力有所发展,他们对数字较感兴趣,所以利用扑克牌本身的教育价值,我设计了这节适合中班幼儿的数学活动——"扑克牌排队"。通过活动,既可以满足幼儿的兴趣需要,又能拓展认知经验,让幼儿了解到扑克牌不仅可以用来娱乐,还是好玩的益智玩具。同时挖掘扑克牌所蕴含的教育元素,拓展幼儿的思维,让他们在愉悦的体验和游戏中获得不同程度的发展。为此,我拟定了以下目标:

1. 正确判断 10 以内物体的数量,运用已有的数序经验排扑克牌。

2. 提高观察能力,体验和同伴游戏的快乐。

本次活动的重点是正确判断 10 以内物体的数量,运用已有的数序经验排扑克牌。难点是找出蕴含在扑克牌中的"数序"。

二、说策略实施

为实现以上两个目标,辅助幼儿掌握活动重点,我为幼儿准备了 1～10 大扑克牌各 1 张,1～10 小扑克牌人手 1 套,扑克牌胸卡人手 1 个,贪吃小蛇头饰 1 个,《贪吃的小蛇》音乐。通过集体玩"翻扑克牌"与分组玩"看谁出得对""贪吃的小蛇"三个游戏,帮助幼儿拓展思维,想出多种玩牌方法,突破活动难点。

下面,我介绍一下活动流程。

环节一:出示扑克牌,激发兴趣

以"扑克王国有许多扑克牌来跟小朋友们一起玩"引出扑克牌,激发幼儿的兴趣,集中幼儿的注意力。

环节二:玩游戏"翻扑克牌"

玩是孩子们的天性,游戏中我让幼儿从反扣在展示板上的扑克牌中任意抽取一张,请小朋友说出翻出的扑克牌是数字几。然后,让孩子们通过观察发现,将扑克牌按从少到多的顺序排队,突出了幼儿的自主探究。

为了进一步巩固"数序"这个知识点,接下来我设计了两个游戏。

环节三:玩游戏"看谁出得对"

游戏前,我先带幼儿复习数字 1～10,玩"比大小"游戏,为下面的游戏做好铺垫。游戏中,我先在 10 张牌中选定一个数字,请幼儿猜猜是数字几。我会用"比×多 1""比×少 1"来提示,直到幼儿猜出答案。然后,我给幼儿创设自主探究的空间,在此环节设计了分组活动内容。让幼儿两两结对玩牌,一名幼儿先出 1 张牌,另一名幼儿接着出第二张牌,要求这张牌的点子数比对方多 1,两名幼儿轮流出牌,按从少到多的顺序给扑克牌排队。接错的扑克牌会被对方收走,最后,牌多者为胜。该游戏不仅增强了幼儿的学习兴趣,而且初步解决了活动的重点。

环节四:玩游戏"贪吃的小蛇"

为进一步帮助幼儿找出蕴含在扑克牌中的"数序",游戏时,在每个幼儿背后贴一张扑克牌卡片,幼儿随机站好,两条"贪吃蛇"按从少到多的顺序吃"扑克牌",被吃的"扑克牌"要排到"蛇"的前面,依次排队。如果排到数字 10,这一队可以继续从 1 开始排队,比一比,哪一条"蛇"吃的"扑克牌"多。在游戏中,实现了两个活动目标,幼儿体验到合作游戏的快乐,内化了幼儿的知识体系,提升了学习效果。

环节五:结束环节

对游戏活动进行评价,提升幼儿玩游戏的经验。同时,请小朋友到扑克王国去,用更多的方法玩扑克牌,做到首尾呼应。

三、说活动反思

1. 玩中学、游戏中习得。

游戏是幼儿最喜欢的活动,把抽象的数概念知识寓于游戏中,借助扑克牌操作,在游戏中自然渗透"数序"的学习,在不知不觉中内化了幼儿的知识体系,提升了学习效果。

2. 环环相扣、层层递进。

从"翻扑克牌"按从少到多的顺序给扑克牌排队,到"看谁出得对"的扑克牌接龙,再到

"贪吃的小蛇"变换方向排队,整个活动一气呵成、环环相扣,很好地达成了预设目标。

3. 氛围温馨、积极互动。

从活动效果看,本次活动的全过程幼儿都处在宽松、自由的氛围中,我尽量以亲切的教态、生动的语言和启发性的提问与幼儿互动,自始至终不忘与幼儿进行情感交流。例如,跟幼儿说悄悄话,"猜猜看,会是什么呢?""看一看你出对了没有?"使幼儿感到亲切、自然、其乐融融,对幼儿经验的积累和能力的提高是很有益的。

附:"中班数学活动——扑克牌排队"活动设计方案

扑克牌排
队活动设
计方案

主要参考文献

［1］ 教育部.学前教育专业师范生教师职业能力标准（试行）［EB/OL］.http：//www. moe. gov. cn. 2021－04－06/2022－03－09

［2］ 教育部.职业学校学生实习管理规定［EB/OL］.http：//www. moe. gov. cn. 2022－01－17/2022－03－09

［3］ 教育部.新时代幼儿园教师职业行为十项准则［EB/OL］. http：//www. moe. gov. cn. 2018－11－14/2022－03－09

［4］ 王长倩，王华军.幼儿园保教实习指导［M］.南京：江苏教育出版社，2013.

［5］ 张元奎，徐春艳，戴红梅.幼儿园见实习指导与实践［M］.北京：首都师范大学出版社，2020.

［6］ 高铁.幼儿园实习指导［M］.北京：高等教育出版社，2019.

［7］ 吴东红.学前教育见习实习指导手册［M］.北京：北京师范大学出版社，2019.

［8］ 葛东军.幼儿园教师教育技能实训教程［M］.广东：广东教育出版社，2019.

［9］ 何云峰，李建华，向章宇.幼儿园实习指导［M］.4 版.长沙：湖南大学出版社，2016.

［10］ 唐志华，汝茵佳.幼儿园保教实习指导［M］.上海：复旦大学出版社，2008.

［11］ 杨莉君.体验与探究幼儿学习活动资源（教师用书·中班·下）［M］.湖南：湖南教育出版社，2019.

［12］ 教育部基础教育司组编.游戏·学习·发展［M］.北京：人民教育出版社，2020.

［13］ 李丽，邓益云.幼儿游戏活动设计与案例：视频指导版［M］.北京：人民邮电出版社，2018.

［14］ 周世华.幼儿园游戏精编［M］.上海：复旦大学出版社，2014.

［15］ 黄俊官.学前教育实习概论［M］.北京：光明日报出版社，2013.

［16］ 杨旭，杨白，邓艳华.幼儿园游戏设计与指导［M］.上海：复旦大学出版社，2017.

［17］ 卓萍，汤晓宁.学前教育专业保教实习指导手册［M］.武汉：武汉大学出版社，2016.

［18］ 傅晨，董旭花.学前教育专业实训教育指导［M］.2 版.北京：科学出版社，2018.

［19］ 杨白.幼儿园教育活动设计与指导·综合版［M］.3 版.上海：复旦大学出版社，2021.

图书在版编目(CIP)数据

幼儿园实习操作指导/杨白,陈金平,刘东航主编. —上海:复旦大学出版社,2022.8
ISBN 978-7-309-16327-8

Ⅰ.①幼… Ⅱ.①杨… ②陈… ③刘… Ⅲ.①幼儿园-实习-教材 Ⅳ.①G61-45

中国版本图书馆 CIP 数据核字(2022)第 134029 号

幼儿园实习操作指导

杨　白　陈金平　刘东航　主编
责任编辑/查　莉

复旦大学出版社有限公司出版发行
上海市国权路 579 号　邮编:200433
网址:fupnet@ fudanpress.com　http://www.fudanpress.com
门市零售:86-21-65102580　　团体订购:86-21-65104505
出版部电话:86-21-65642845
上海四维数字图文有限公司

开本 787×1092　1/16　印张 16　字数 370 千
2022 年 8 月第 1 版
2022 年 8 月第 1 版第 1 次印刷

ISBN 978-7-309-16327-8/G・2391
定价:59.00 元